ブッダ＋法然

幸せの智慧

浄土宗総合研究所 編

大法輪閣

はじめに

いまをさかのぼること２５００年。古代インドのガンジス川流域でブッダと尊敬された宗教者が活動をしていました。その宗教者の名はゴータマといい、ブッダとは目覚めた人という意味です。ブッダは迷いから目覚めたものとして、私たちの生きているこの世界が苦しみに満ちていることを見抜き、その原因が私たちの心にあることに気がつきました。その原因を煩悩といいます。ゴータマは修行によって智慧を磨き、この煩悩がなくなった境地に自ら達しました。さらにそこに至る道のりも把握しました。あらゆる煩悩が消滅した境地を涅槃といい、この境地に達した人が覚ったもの、すなわちブッダです。ブッダは自身がさとり体験を経験したのち、その経験をたくさんの人々に説きました。その教えが今なおアジアをはじめ世界各地に伝わっている仏教の源流です。ブッダの教えは現代でも人々のよりどころとなっています。多くの人々がその教えを聞き、また実践しています。そうして人々は気持ちが楽になり、幸福を感じることができます。深い智慧から湧き出たブッダのことばは、私たちに幸せをもたらしてくれます。

このブッダの教えは1500年ほど前に日本に伝わり、最澄や空海といった名僧が誕生します。そして鎌倉時代を迎えようとする1133年、後に浄土宗を開くこととなる法然が誕生しました。法然は幼少期より出家し、天台宗において将来を嘱望される活躍をしました。しかし、自身が救われる道を求めて隠遁し、43歳となったときに称名念仏《しょうみょうねんぶつ》の教えを仏道の指針にして生きていく人生を選び取ります。これが浄土宗の誕生した瞬間です。

そののち、京都の町に赴いた法然は自分を訪ねてくる僧侶、公家や武士、さらには市井の人々に念仏の教えを説き広めました。法然を指導者とした新進の教団は瞬く間に大きくなり、多くの門弟をかかえることとなります。そのなかには気性の激しい者、十分に教えを理解していない者もいて、法然はリーダーとして伝統的な教団から非難をあび、時には朝廷からも叱責をうけました。それでも法然は念仏を説き広めることをやめませんでした。法然は念仏こそが、自身の生きる時代に相応しい仏の教えであることを確信し、その言葉はたくさんの人々にとっての救いとなりました。

さて、本書は浄土宗総合研究所での研究プロジェクト「釈尊聖語の広報・布教用現代語訳研究」の成果を土台として、石田一裕、春本龍彬、北條竜士、渡邉眞儀が著者となって作り上げたものです。このプロジェクトは浄土宗が開宗850年の節目を迎えるにあたり、私が立ち上げました。その目的は上に指摘した通り、多くの人々から苦しみを取り除き、幸せをもたらしたブッダと法然のことばを紹介することです。そして、それは私たちが今をよりよく生きるヒントになるはずです。ブッダと法然、二人のことばを知り、そこに込められた二人の智慧に学ぶことでよりよく生きていく。本書を読んだみなさまが少しでも幸福になり、よりよい日々を過ごしてもらえることを心から願っています。

令和七年三月　浄土宗開宗八百五十年を迎える春に

浄土宗総合研究所主任研究員　袖山　榮輝

ブッダ+法然　幸せの智慧　目次

〈第四章〉よりよく生きる

春本龍彬

〈第五章〉幸せを求めて 179

〈第一章〉

欲望と向き合う

石田一裕

1 己の煩悩よりも恐れるべきものはない

ブッダのことば

『ダンマパダ』第251偈

情欲にひとしい火は存在しない。不利な骰《さい》の目を投げたとしても、怒りにひとしい不運は存在しない。迷妄にひとしい網は存在しない。妄執にひとしい河は存在しない。

法然のことば

『七箇条の起請文』

およそすべての煩悩は、そもそも貪《むさぼ》りや瞋《いか》りを母として生まれ出るのです。

会社や学校がなくなればいいのに、そんな考えが頭をよぎったことはないでしょうか。辛いときや苦しいとき、私たちはそれをもたらす原因が自分たちの外側にあると考えます。世の中の恐ろしいものを表す言葉に「地震・雷・火事・親父」というものがありますが、これらはいずれも私の外にあるものです。このような物事に出会い、ときに脅かされたり、ときに苦しめられたりしながら生きていくのが人間です。そして、苦しみや悲しみが大きくなりすぎると、自分を苦しめるものがなくなるように願い、なかにはそれをなくすための行動に出る人もいます。外にある苦しみの原因がなくなることで、自分の内にある苦しみが消え去ると考えるのは、当然のことといえましょう。

それゆえ人間はとにかく外の世界を安全にしようと、身の回りの環境に手を加え続けてきました。外敵や暑さ寒さから身を護るために家を建て、食料がなければ空腹に苦しむことになるので荒野を耕し畑にしました。人類は何千年もその営みを繰り返し、いまでは大勢の人が大きな都市に住み、昔と比べると害獣に襲われ命を落としたり、空腹で餓死したりする危険性はとても小さくなりました。それでも私たちは苦しみをゼロにしようと、いまでも外の世界を開発することに躍起になっています。

しかし、ブッダの考えによれば、いくら外の世界を変えても私たちの恐怖や苦しみが消滅することはありません。なぜなら最も恐るべきものは自分の外にあるのではなく、自身の内にあるからです。それを煩悩といいます。煩悩は苦しみを生み出す原因であり、心についた汚れであり、また私たちを誤った方向に誘導する心の働きです。ブッダはこの煩悩が消滅し、あらゆる苦しみが無くなった境地、すなわちさとりを体得しました。そして、私たちがその境地に至る道を説き示しました。

ブッダの教えによれば、苦しみを無くすために必要なことは外の世界を変えることではなく、自身の心に宿る煩悩を減らしながら自分が変わっていくことです。この減らすべき煩悩の代表格が「三毒」です。三毒とは、私たちにとって毒となる三つの心の働きである貪瞋痴《とんじんち》の総称です。

このなかで貪とは貪欲ともいわれ、性欲や金銭欲などさまざまなものを欲する煩悩です。瞋《しん》は瞋恚《しんに》ともいわれ、怒りのこと。貪が「こっちに来い」という思いだとすれば、瞋は「あっちに行け」という欲求であり、嫌いな人や物を嫌悪し、また怒りをこめて追い払おうとする心の働きです。痴は無知のことで、どうしてそういう結果になったかわからないことです。配偶者や子供を大事にしなければやがて家族からないがしろにされ、勉強をしなければ試験で失敗をするものですが、はたから見て「そうなってもしょうがないよな」と思える状態でも、当の本人はそれがわからないというのが仏教の説く無知です。

私たちはこのような煩悩をもっているので、さまざまな場面に苦しみます。貪によって欲しいものが手に入らずその身を焦がし、瞋によって嫌な人にあっては不運を嘆き、痴によってなぜそうなったか訳が分からなくなります。この煩悩がなくならないと、いつまでも苦しみが生みだされ、安心して生きることができません。

それでは、どうすればこの煩悩をなくすことができるのでしょうか。実はブッダのことばにはその方法が示されています。つまり、ブッダの教えを学び、それを実践することで煩悩は少なくなります。ただ煩悩を滅し尽くすのはとても大変なこと。法然はそれをふまえて、人間が煩悩を抱えながらどう生きるかを考えました。この二人の智慧に触れることで、煩悩の働きが弱まることでしょう。さらに、それが幸せな生活につながっていきます。

本書のページをめくりながら、恐るべき煩悩の正体を知り、苦しみを減らす生き方を一緒に考えてみましょう。

2 欲張らずに生きよう

ブッダのことば
『ダンマパダ』第199偈

さぁ、私たちは真に幸せに生きていこう。がつがつと欲張っている人々の中でも欲張ることなく。欲張っている人々の中で暮らしていこう。がつがつと欲張ることなく。

法然のことば
『七箇条の起請文』

貪りには足るを喜ぶ小欲の貪りと、常に不足をうったえる大欲の貪りがあります。いま浄土宗で制止するのは、常に不足をうったえる大欲の貪りとしての煩悩です。

私たちは自由で幸せに生きたいと願っています。それは日々の暮らしで不自由や不幸を感じていることの裏返しでもありましょう。それでは私たちが願う自由、そして幸せとはどのようなものでしょうか。たとえば自分で好きに使える時間やお金があるとき、私たちは自由を感じます。そのような時間を「自由な時間」あるいは「私の時間」といい、またそのお金を「自由なお金」や「私のお金」といいます。時間やお金以外にも自分で好きに使うことのできるもの、すなわち自分のものが増えれば増えるほど、私たちはより大きな自由を感じるようになります。だからこそ、多くの人がよい学歴やよい仕事、たくさんのお金や素敵な家族など、さまざまなものを手に入れようと努力します。持てば持つほど自由が増え、そして、それが手に入った時に幸せを感じます。

一方で、自分のものを増やそうと努力しても必ず成功するとは限りません。ときには手に入れたものを失うことさえあります。生きていく中でそういった喪失を知り、不自由を感じると、私たちはより強く自由を願います。そして、私のものを増やそうとがつがつと欲張り、血眼になってそれを叶えようとします。

ところで私のものを増やしていった先には何が待っているのでしょう。いい学校に入り、希望の仕事をして、たくさんのお金を手に入れる。そのようにして欲しかったものがすべて手にはいったとして、それらのものがいつまでも手元にとどまっているでしょうか。

誰もが望むものの一つに健康があります。健康でなければ、どんなにお金があっても、時間があっても自由や幸せを感じることはできません。けれども、人間は意に添わず病気になります。統計によれば、日本人の二人に一人は生涯でガンを発病し、また男性では四人に一人が、女性では六人に一人がガンで亡くなるそうです。このような病気になることで、健康は意に反して損なわれます。同様に、お金や時間もまた永遠に手元にとどまってはくれません。いつか死ぬそのときには、あらゆるものを手放してこの世を去っていかないといけません。嫌なことですが、これが人生なのでしょう。

ブッダはそんな人間のあり方を深く見つめ直し、さまざまなものを手に入れようとがつがつと欲張って生きていくことを不自由だとみなします。それは欲にとらわれ、物に縛られた生活だからです。その逆に、欲から解放され、自由を実現するのが出家という生き方です。持ち物を減らし、シンプルに暮らす。無欲の境地になれば、わずかなもので満足することができるはずです。それがブッダの説く自由な生き方であり、真に幸せな生き方です。

しかし、ものにあふれた現代社会で、何も持たずに生きていくのは難しいことです。生きていくために必要なものもたくさんあり、それがないと不自由を感じることもあります。そんな私たちにぴったりくるのが「大欲には気をつけよう」という法然のことばです。「大欲」とは、たくさんのものを持っていても満足せずもっと欲しいという「大きな欲望」のことです。このような欲望はコントロールする必要がありますが、日常の暮らしの中では欲をすべてなくした「無欲」を目指す必要はありません。大切なことは無欲ではなく「小欲《しょうよく》」です。「小欲知足《ちそく》」といわれるように、十分であることを知っているのが小さな欲です。お腹いっぱいでもまだ食べたいというのが大欲であるとすれば、腹八分でちょうどいいと思えるのが小欲といえるでしょう。

いずれにしても肝要なことは、ブッダのシンプルな生活を見習い、法然のおおらかな言葉に勇気をもらいながら、無理することなく、自分のできる範囲で欲望と向き合っていくことです。持っていないものや失くしたものに目を向けるのではなく、今あるものを大切にしていくことで、幸せを手に入れることができるでしょう。

3 眼を曇らせる貪りと怒り

ブッダのことば
『聖求経』

私が苦から得たものを
どうして今説くことができよう
貪り、怒りに打ち負かされた者に
この法はよく理解されない

法然のことば
『往生浄土用心』

貪りや怒りなどの煩悩という敵にしばられて、迷いの世界
である三界という牢獄に閉じ込められている私たち

人間は欲に目がくらんで人の物を取ったり、ついかっとなって暴力をふるったりすることがあります。欲望や怒りは煩悩を代表するものであり、苦しみを生み出す原因となります。また他者に損害を与える動機になることもあります。私たちは欲望や怒りによって正常な判断力を奪われ、それが悪い結果に繋がっていきます。

物を盗んだり、誰かを傷つけたりするまではいかなくても、友達の恋人を好きになってしまったり、イライラして嫌なことを言ったりと、感情が大きくなってしまい冷静さを失うことや、それが態度や行動に出てしまうことは誰にでもあることでしょう。人は恋愛に夢中になっているときや心から腹を立てているときには、他人の声が耳に入ってこないものです。執着や怒りは私たちの眼を曇らせ、耳をふさいでしまうのです。ブッダは、そのような煩悩にしばられて迷いの世界で右往左往して生きる私たちを憐れみ、さまざまな教えを授けることによって救い出そうとしました。

そんなブッダも覚りを開いた直後には、自分がたどり着いたその境地を誰かに説くことをためらいました。日々の暮らしに追われ、煩悩にどっぷりとつかり、貪りや怒りをコントロールすることのできない人々に、自分がどんなに正しいことを言ったとしても届かないと感じたようです。もしもブッダが教えを説くことなく、ただ独り覚りの境地を楽しみ、そのまま般涅槃《はつねはん》、すなわち肉体を滅した覚りの完成に赴いたとしたら、仏教がこの世に広まることはなかったでしょう。その危機は、梵天という神さまの登場で回避されました。梵天は、ブッダに「世の中には煩悩の影響をあまり受けていない人々もいるはずで、そのような者があなたの話を理解してくれるだろう」と述べました。これを聞いたブッダは覚りの眼によって世界を眺め、話を理解する能力のある者がいることを知って、説法を決意したとされます。この一連の物語は梵天勧請《ぼんてんかんじょう》と呼ばれます。

梵天の勧めによって伝道の旅に出たブッダは悩み苦しむ多くの人々に教えを授け、それを聞き弟子となった者たちは修行に励み、さとりの境地へと歩みを進めました。けれども、ブッダと出会った誰もがその教えに魅了されたわけではありません。梵天の願いを受けたブッダは、かつて修行を共にした五人の修行者に教えを説くためにサールナートという場所に向かいました。その途中でブッダはウパカという宗教者に出会います。ブッダは彼に教えを説きますが、彼はそれを聞き弟子にはなりませんでした。ブッダの素晴らしい教えも、聞き手に受け入れる準備がなければ、心に響かないこともあるのです。

私たちもどんなに思いやりのある言葉をかけてもらっても、自分の感情に振り回され、また自身の境遇に影響されて、物事を正しく見ることができなくなったり、人の言葉に耳を傾けられなくなったりします。

法然は「教えを説いてもそれに反対し、目くじらを立てる人がいる」という言葉を残しています。きっと相手によっては言葉が届かないという経験をしたのでしょう。どんなにすばらしい助言も、自分のことを思いやった行動も、心が乱れていてはうまく受け取ることができません。だからこそ大切な人に会う時には、自分の心を整える必要があります。

イライラしたときには深呼吸をしたり、好きな音楽を聴いたりして、心を落ち着けましょう。また自分の言葉が届かないときには、イライラせず相手の気持ちを思いやりましょう。

正しいことを言われても受け入れられない自分もいれば、聞いてくれない相手もいるのが世の中ですが、そんな世界も貪りや怒りを離れた素直な心によって輝くものとなります。

4 人は聖ならざる求めを繰り返す

ブッダのことば
『聖求経』

比丘たちよ、ここである人は、生まれる存在でありながら、まさにその生まれる存在を自ら求めます。老いる存在でありながら、まさにその老いる存在を自ら求めます。病を得る存在でありながら、まさにその病を得る存在を自ら求めます。死に至る存在でありながら、まさにその死に至る存在を自ら求めます。

法然のことば
『御消息』

人の心はさまざまであり、ただひとすじに夢幻のようにはかないこの憂き世での楽しみや栄華だけを追い求め、後世のことなどまるで気にも留めない人もいるのです。

人はこの世に生まれ、老い、病気になり、必ず死にます。生まれてから死ぬまで、人生のなかで、「生まれてこなきゃよかった」となげいたり、「年は取りたくない」と感じたり、「病気はいやだ」と絶望したり、「死にたくない」と願ったりします。若く元気でもつらい目にあったときや、苦しくなったときには生まれたことに嫌気がさし、年を取って病気になって死が目前に迫ったときには、この世から消えてなくなることに恐れおののくのが人間です。ブッダもまた生老病死《しょうろうびょうし》の苦しみを乗り越えるために出家したと考えられています。

その逸話として有名なのが四門出遊《しもんしゅつゆう》です。これはブッダがまだ王子であったとき、東、南、西、北の四つの城門から出かけ、それぞれ老人・病人・死人、そして出家者を見たという話です。ここでは具体的に苦しむ人々、さらにその影響をあまり受けていない出家者を目撃し、王子もまた自分で苦しみを乗り越えようと出家を志したといわれます。ブッダにとって出家は苦しみから逃れるための具体的かつ現実的な方法だったようです。ところで、冒頭に紹介した経文は『聖求経《しょうぐきょう》』という経典に説かれたものです。ここでは四門出遊とは異なる出家のエピソードが説かれます。

人は必ず死ぬ存在であり、また年を取ったり、病気になります。自分自身がこのような苦しみを味わうことはもちろんですが、生まれてきたものは誰であれこれを経験します。

そこでブッダ、正確には出家前の王子に疑問が生まれます。なぜ人は自らが生まれ、老い、病気になり、死にゆくものであるにもかかわらず、他者を求めるのであろうかと。

これはどういうことでしょうか。私たちは他者を手に入れようと望みます。それはパートナーであったり、子供であったり、親友であったり、ライバルであったりするのですが、いずれも永遠にあり続けるものではありません。いいかえると、自分が手に入れようという他者も自分と同じように年老い、病気となり、いずれ死ぬ存在です。大事な人がそうなるとき、私たちは自分がそうなる以上の苦しみを味わうことがあります。それでも私たちは誰かを求めずにはいられない。ブッダはこれを「聖ならざる求め」といいます。「俗な求め」といってもよいでしょう。

人はこの「俗な求め」を繰り返して生きています。たとえば恋愛。好きな人ができれば、その人を手に入れようと躍起になり、デートができればうれしくなります。結婚はゴールインと呼ばれることがありますが、恋愛は一つのレースなのかもしれません。ゴールインせずに一つのレースが終わることもあり、その場合は次のレースに臨むことになります。しかし、結ばれた相手は時間の経過のなかでどんどんと変化していきます。老いや病気など体の変化もあるでしょう、また気持ちの変化もあるでしょう。すべてが移り変わる世の中で、変わらないものを求めてしまう。それが苦しみの源です。

『聖求経』はブッダがこの「聖ならざる求め」に疑念を抱き、出家したと説きます。俗な求めは、かならず苦しみを生むと、さとりを開く前にすでに予感をしていたのでしょう。

私たちには、ブッダのように俗なる求めをまったくなくすことは不可能で、さまざまなものを求めるのが普通の生き方です。それでも、永遠なるものは何もないと心得ておくだけで、心が少し楽になるでしょう。そして、それを嘆くのではなく、常に変化するなかで、その時々の折り合いをつけていく。ブッダの遺言は「世の中は常に変化する。精進せよ。」というものでした。これをできうる範囲で実践することで、聖ならざる求めを繰り返す生活のなかに、ほっとする瞬間が訪れることでしょう。

5 愚者には悪が蜜の味

ブッダのことば
『ダンマパダ』第69偈

報いが現れない間の悪は愚者には蜜の味がする。報いが現れた時の悪は苦しみとなる。

法然のことば
『登山状』

〔閻魔〕大王は罪人に「汝は、釈尊の教えが広まっている人の世に生を受けながら、何故に仏道を修めることなく、虚しくこの法廷に戻ってきたのか」と問われることでしょう。その時私たちは、いったいどう答えたらよいのでしょうか。

ブッダの教えの一つに「縁起」があります。縁起は「縁《よ》って起こる」ということで、物事にはかならず因果関係があるという考えです。この縁起の教えに魅了されてブッダの弟子となったものも多くいたようです。その一人が智慧第一と称される舎利弗《しゃりほつ》です。彼はブッダとは異なる師について出家生活を送っていました。ある日、ブッダの弟子が「物事は原因から生まれる」と口にしているのを聞き、感激して仏教教団に入信したといわれています。後に舎利弗はブッダから阿弥陀仏と極楽浄土についての教えを聞くことになり、これが『阿弥陀経』として伝えられています。

さて、物事には原因と結果があるという縁起の教えは、私たちの行動にも適用されます。インドでは行動のことをカルマといい、これを漢字にすると業《ごう》となります。このカルマは必ず結果をともなうというのが、仏教の考えです。それは「善い行動」には「善い結果あるいは楽しい結果」があり、「悪い行動」には「悪い結果あるいは苦しい結果」があるという単純明快なもので、善因善果・悪因悪果または善因楽果・悪因苦果といいます。ようするに、善いことをすると楽しくなり、悪いことをすると苦しくなるということです。多くの人はこれを経験として理解していますが、ここでは後者について考えてみましょう。

私たちが法律を犯すような悪いことをすると警察に逮捕され、裁判を経て刑罰が与えられます。そののち一定の期間、刑務所で過ごすことになります。また凶悪な犯罪については死刑が科される場合もあります。法律によって社会を治めることはブッダの時代からあったようで、経典には「王様は殺すべきものを殺し、剝奪すべきものを剝奪し、追放すべきものを追放することができる」と説かれています。統治者は一定のルールに則ってその国を治め、悪事が明るみに出れば、それをなした人を裁いたのでしょう。

また法律違反ではなくても、私たちは自分で犯した悪事に後悔して悔やむことがあります。これは「良心の呵責」とも呼ばれ、悪いことをした後で後悔することと言い換えることもできます。仏教ではこのような後悔を慚《ざん》といい、恥じることの一種としてとらえ、よい心の働きと考えます。

ところが世の中には良心が小さな人、恥じらうことが少ない人がいるようで、詐欺などの犯罪が絶えることがありません。現代でもオレオレ詐欺に代表される特殊詐欺という犯罪があり、令和5年の被害額は約四百五十億円にものぼります。きっと詐欺師も悪いことをしてお金を得ていると思っているのでしょうが、自分が捕まり、苦しい状況に置かれるまでは、それが蜜のように甘いものと感じます。そしてその蜜に吸い寄せられてたくさんの人が悪事に手を染めていく。実に恐ろしいことです。

法然もまたそのような人々を目にしたことがあったのかもしれません。人として生まれ、さらに仏教が世の中にあるにもかかわらず、全く関心を示さず悪事に手を染めた人が死後に閻魔大王の前で裁かれるとき、なんと言うのかと記しています。ブッダや法然の教えに触れ、善悪の判断がつく私たちは、蜜のようにみえる悪事にかかわってはなりません、それはいつかかならず苦しみをもたらします。

6 愚かな者は不相応な名誉や利益を望む

ブッダのことば

『ダンマパダ』第73偈

愚かな修行者は実態がともなわないのに尊敬を望み、修行者のなかにおける地位や寺のなかで王のような立場を望み、他人の家に行っては供養を望む。

法然のことば

『高階入道西忍に示されける御詞並に御歌』

名誉欲や財欲は生死輪廻の世界に私たちを縛り付ける絆であり、それらにとらわれては三悪道という鉄の網に掛かってしまいます。

さとったものである仏には十号という以下の十種類の尊称があります。①如来《にょらい》。過去の仏の如くに来た人、あるいは真如《しんにょ》（真実）から来た人の意。②応供《おうぐ》。供養されるべき人の意。③正遍知《しょうへんち》。正しく遍くさとった人の意。④明行足《みょうぎょうそく》。智慧（明）と行いを具えた人の意。⑤善逝《ぜんぜい》。善くさとりに到達した人の意。⑥世間解《せけんげ》。世間を理解する人の意。⑦無上士《むじょうし》。最高（無上）の人の意。⑧調御丈夫《じょうごじょうぶ》。人を巧みに指導する者の意。⑨天人師《てんにんし》。神々と人間の師たる人の意。⑩仏世尊《ぶっせそん》。覚った人、聖なる人の意。このうち仏と世尊をわけて十一の称号と考えられることもあり、また仏と世尊を別とする代わりに⑥と⑦や⑦と⑧を一つにする説などもあります。いずれにしてもこの十種類の称号はそれぞれに意味があるとはいえ、どれもがさとったものを意味し、仏といっても、如来といっても、世尊といっても同じものを表します。つまり釈迦牟尼仏《しゃかむにぶつ》といっても、釈迦牟尼如来といっても同じ存在を示すということです。

さて、このうち②の応供は阿羅漢《あらかん》ともいわれます。阿羅漢とはブッダのたどり着いたさとりの境地であり、また仏の弟子たちにもブッダのことば通りに修行をして阿羅漢となった者がいました。仏像のなかには十六羅漢や五百羅漢という羅漢像と呼ばれるものがありますが、これは阿羅漢となった弟子たちの姿をモチーフにしたものです。この阿羅漢が応供といわれるのは、供養を受けるに相応しい聖者だからです。阿羅漢は修行を完成させた者で、もはや学ぶべきものがない「無学《むがく》」の境地に至った人です。仏教語の無学は「学がない」のではありません。学ぶべきブッダの教えをすべて学びつくし、もう学ぶべきものがない者を意味します。このような者こそが尊敬されるべき聖者であり、ものを施したり、食事を提供すべき出家者なのです。

もちろん阿羅漢に至っていない出家者に施しても、布施の功徳を得ることができます。出家者を福田《ふくでん》といい、また彼らが身に着ける衣を福田衣《ふくでんえ》といいます。それは、出家者や袈裟を身に着けている人に施しをすると、田んぼに一粒の種もみをまくと何倍ものお米になって返ってくるように、たくさんの功徳を得ることができるからです。この時、施しを受ける出家者は受け取るものに執着をしてはいけません。さらに出家修行者としての名誉や教団における権力を求めてもいけません。必要以上に求めること、修行に不相応な欲求は、さとりへの障壁以外のなにものでもないのです。

これは出家者だけではなく、日常生活を送る人々にも当てはまるものでしょう。自分の身の丈に合わない服を着ると、あるいはだぶだぶで着心地が悪く、あるいはきつすぎて苦しくなります。修行者が一生懸命修行することなく尊敬を集めようとするのが間違っているように、なすべきことをなさずに栄誉を求めてはいけません。身の丈に合わない称賛を受けるとやがて苦しくなり、不相応な地位に就けばいずれぼろが出てしまうこともあるでしょう。その逆に、着実に仕事をこなし、実力をつけていけば、自然と名誉や地位がともなってくるはずです。

法然も名誉欲や財欲に注意を向けています。それらにとらわれると迷いの世界から離れることができなくなります。そして欲望が大きくなればなるほど、大きな苦しみが生み出されます。人生の迷いを小さくし、自由を増やすためにも名誉や利益の求めすぎには注意したいものです。ただたまには褒められたいと思うのも人の性、頑張っているあなたのことを見てくれている人が必ずいるはず。そう思って励んでいけば、きっと幸運が舞い込みます。そして、もしも誰もほめてくれないときには、寺院にお参りしてみてください。世の中を見通す仏様の優しいまなざしがあなたを評価してくれます。

7 過ちを指摘してくれる賢者について行くがよい

ブッダのことば
『ダンマパダ』第76偈

自分では気付かない過ちを明らかにして指摘してくれる智慧ある賢者に出会ったならば、あたかも隠された宝について説いてくれる人のように、ついて行くがよい。そのような人について行けば、今より善いことがあり悪いことは起こらない。

法然のことば
『四十八巻伝』

浄土の教えと遊蓮房円照《ゆうれんぼうえんしょう》にめぐり会ったことこそが、人として今まで生きてきたなかで、一番の思い出です。

仏教では三つの宝物を大切にします。一つ目が仏さまという宝物、二つ目が仏さまの説いた教えという宝物、三つ目が仏さまの教えに従って修行する教団という宝物です。これを仏・法・僧の三宝といいます。この三宝を大切にして生きていくのが仏教徒です。

ブッダは「サイの角のようにただ一人歩め」と『スッタニパータ』というお経で説いており、弟子たちに一人で修行を進めることもあったようです。しかし、さまざまなお経の冒頭に「ブッダが偉大な弟子一二五〇人と共にいた」と説かれているように、基本的に弟子たちは師であるブッダと共に出家教団での集団生活を送っていました。この出家教団をサンガといい、これを漢字で書くと僧伽《そうぎゃ》となります。僧という言葉は、この僧伽を略したもので、もともとは教団を意味します。それが、いつの間にか教団に所属する一人一人の出家者の呼称となりました。

さて、サンガでは弟子たちがブッダを師として修行に励みました。さらに、出家歴の長い弟子は先輩として新しく出家した者を指導しました。このようにブッダの教えに従って修行しながら生活を送るなかで、教団は教えそのものを後の世に継承していく役目を果たしました。ブッダの教えは人から人へと受けわたされて、現代にまで伝わってきたのです。

ブッダは教団を率いる者として、弟子たちが間違ったことをしたときには注意し、彼らの修行が進むように指導しました。そして、弟子たちも同様に後輩を指導し、後から教団に入った者は自分の師匠や先輩を信頼し、目標にしながら仏道を歩んだのです。

私たちも人生のなかでたくさんの人と出会います。そのなかには嫌な人もいれば、馬が合う人もいるでしょう。あるいは厳しいことを言う人もいれば、甘いことを言う人もいるはずです。そのような人々のなかで、私たちは自分に厳しいことを言う人を遠ざけたり、間違いを指摘する声に耳を閉ざしたりすることがあります。ブッダはそのような人や声を大切にしなさいといいます。そのなかでも、自分では気がつくことのできない自分自身の過ちに気がつき、それを指摘してくれる人がいたらついていきなさいと諭しています。そして、その人と共に歩むことで善いことが起こるといいます。善い人との出会いが私たちの人生を善くしていくとも言い換えられるでしょう。その善い人は自分の気がつかない過ちを指摘してくれる人であり、きっとそれは自分のことをしっかりと見てくれる聡明な人です。そんな人と出会ったとき、もしかすると、はじめは自分の悪い面を指摘されてイラっとしたり、モヤっとするかもしれません。けれども少し冷静になって考えれば、その指摘が正しいか間違っているかわかるはずです。さらに自分のなすべきことも。

法然も、善き人と共に過ごすことを大切にしました。比叡山で修行に励んでいた法然は

43歳で念仏の実践者となり、浄土宗を開きました。それから山を下りて京の都に入り、同じく念仏の実践者であった遊蓮房円照《ゆうれんぼうえんしょう》という修行者に会いに行きました。法然と遊蓮房が共に過ごした日々はながく続きませんでした。遊蓮房が39歳でこの世を去ったからです。二人が過ごした日々は二、三年でしたが、信仰を同じくする人と共に過ごした日々は、法然の人生のなかで大切な思い出となったようです。そういえば、ブッダも初めて説法したのは、共に修行をした五人の出家者たちでした。信頼できる人々と一緒に修行する日々は心に残るものなのでしょう。

もしも人生のなかで自分の過ちを正しく指摘してくれる人、あるいは自分と志を同じくする人に出会うことができたら、その人々を大切にしましょう。人との出会いによって人生はより豊かになり、善きものとなっていきます。

8 幸福をもたらす自制心

ブッダのことば

『スッタニパータ』第264偈

悪をとどめ、悪から離れ、飲酒を自制し、教えをおろそかにしないこと――これが最高の幸福である。

法然のことば

『一百四十五箇条問答』

お酒を飲むことは罪でしょうか。答えます。本来は飲んではいけませんが、この世の習いです。

仏教徒が守るべき生活習慣に「五戒」があります。これは①不殺生《ふせっしょう》、②不偸盗《ふちゅうとう》、③不邪婬《ふじゃいん》、④不妄語《ふもうご》、⑤不飲酒《ふおんじゅ》の五つを守って生活することです。ブッダの教えの基本は「諸もろの悪を行わず、多くの善を修めて、自らの心を清めていくこと」ですが、この善いことは「悪いことをしない」こととして説かれます。五戒はその代表ともいえましょう。

不殺生とは生きものを殺さないこと、さらには傷つけないこと。不偸盗とは与えられていないものを勝手に取らないこと。不邪淫は不倫などのよこしまな性行為を行わないこと。不妄語はウソをつかないこと。不飲酒はお酒を飲まないことです。この五つを意識して生活すると、自然と心が落ちついてくるはずです。

この五戒は在俗の仏教信者が守るものですが、出家をした者はより多くの戒律を守る必要があり、またそれに違反した場合には罰則が科されます。戒律違反をしたときは、だいたいの場合誰かにその罪を告白することで許されますが、なかには違反すると一発で教団追放となる「波羅夷《はらい》」というものがあります。それは性行為、盗み、殺人、さとったと嘘をつくことです。五戒のうち①不殺生、②不偸盗、③不邪婬、④不妄語に該当すると指摘できます。一方で、飲酒は「波逸提《はいつだい》」という罪であり、一人以上の出家者に罪を犯した事実を告白することで許されるものです。こういった相違から、仏教教理を研究する人々は、五戒のうち前の四つをそれ自体が悪い行為とし、飲酒は悪いことを誘発する行為と分類しました。

この飲酒によって引き起こされる過失には十種があります。第一に顔色が悪くなる、第二に力が弱くなる、第三に目が見えにくくなる、第四に怒りっぽくなる、第五に仕事に支障をきたす、第六に病気のリスクが増す、第七に喧嘩早くなる、第八に悪い評判を生み出す、第九に判断力が鈍る、第十に命尽きると地獄・餓鬼・畜生に生まれ変わる、というものです。現代人にとってもなるほどと思えることを、2000年以上前のインド人も感じていたようです。いつの時代も飲酒自体は悪い行為ではないけれど、人間は酔っぱらうとミスを犯しやすくなり、また悪いことをしてしまう存在なのでしょう。だからこそ、それが禁止されるのです。

日本の法律でも20歳となれば飲酒自体は禁じられませんが、飲酒して車を運転すると罪になります。また酔っ払い防止法（正式名称「酒に酔って公衆に迷惑をかける行為の防止等に関する法律」）という法律では、節度のある飲酒をすすめ、酩酊した者が迷惑や暴力をふるった場合の処分が示されています。ここにも酒を飲むと悪いことをしやすくなるという考えが根底にあるようです。その逆に、酒を飲まず、また命を大切にして、盗みをせず、性の節度を保ち、嘘をつかずに生きていけば、幸せの方が私たちに自然と歩み寄ってくるものでしょう。

法然は飲酒について「本当は飲むべきではないが、世の習いである」という言葉を残しています。日本では「御神酒《おみき》」といって、古来より神様にお酒を供える習わしがありました。特に神事では儀式の終了後に神様に供えた餅や酒を、参加した人々で飲食し、神様とのつながりを大切にする直会《なおらい》という場が設けられます。おそらく、これが世の習いとしての飲酒なのでしょう。そして、昔は寺院の境内に神社が建てられていることも多く、直会に僧侶が出席することもあったようです。

五戒の実践はとても大切ですが、日々の暮らしのなかではそれができないこともあるでしょう。けれどもそれも世の習い。たとえ五戒を破ることがあったとしても、できる限り守ろうとする生き方は尊いものですし、できなかったときは反省すればよいのです。できない自分を受け入れながら、できる範囲で自制した生き方をすることが、幸せへの道でしょう。

9 足るを知り、恩を知る

ブッダのことば

『スッタニパータ』第265偈

〔師に対して〕尊敬の念を抱くこと、逆らわないこと、足るを知ること、恩を知ること、時宜を得て教えを聞くこと、——これが最高の幸福である。

法然のことば

『七箇条の起請文』

貪というについて喜足小欲の貪あり、不喜足大欲の貪あり。いま浄土宗に制するところは、不喜足大欲の貪煩悩なり。

ブッダの教えでは「智」が大事にされます。さとりは「智慧が完成した状態」であり、煩悩が心から切り離され、清らかな心によって世界をありのままに受け止められる境地です。智慧によって煩悩が心から断ち切られるので、これを剣にたとえた「智剣」という言葉もあります。

さて、この智慧とは、知識がたくさんあることを意味しません。智慧は物事を正確に判断する心の働きです。ですからいくら勉強して知識を身に着けたとしても、智慧が育つわけではありません。世の中には高学歴でも悪いことをして苦しむ人もいれば、学歴がなくても正しい生き方をして幸せに暮らす人もいます。知識ではなく、智慧こそが正しい生き方の源泉となります。

仏教はこの智慧を育むための修行を説きますが、その第一歩は尊敬できる生き方をしている人と出会うことです。高い志があっても、自分一人では迷ってしまうこともあります。自分よりも先を進む人と親交をもち、ときに助言をもらったり、ときに叱咤激励を受けたりすることで、私たちは正しい方向に進んでいくことができます。それゆえ恩師と呼べる先生やよき上司など、人生の師となるような人と出会えることは大きな幸せであり、そのような人々にはしっかりと敬意を払うことが大切です。

ところで智慧にもとづいた幸せな暮らしとはどんなものでしょうか。『スッタニパータ』第265偈ではこの具体例として「足ることを知ること」と「恩を知ること」をあげています。「足ることを知ること」は「知足」と呼ばれます。これは「小欲知足」という言葉として知られています。私たちにはさまざまな欲求があり、たとえばお金のないときにはお腹いっぱいになればどんな食べ物でも満足できたとしても、裕福になっていくなかでよりおいしいもの高価なものを食べたいと望みます。身に着ける衣服なども同様でしょう。欲望が大きくなればなるほど、私たちは満足することができなくなっていきます。そうすると充足感や幸せを感じにくくなります。知足はその逆で、いま自分が満ち足りていることを知ること。何かと比較することなしに、自分の持っているものを確認し、満たされる感覚こそが知足のもたらす幸せです。

「恩を知ること」は「知恩」と呼ばれます。恩とは人から受けた援助のことで、誰かが自分のことを思いやってしてくれた行動のことです。そのような援助を受けたら、それをしっかりと記憶し、折に触れて思い出すことで、助けられた時の暖かな心が自然とよみがえってきます。その思いは感謝となり、また自分自身も誰かを助けようという慈悲の心を生み出すことでしょう。そういった心が私たちの暮らしをよりよいものにしてくれます。

法然は貪りの心を「喜足小欲《きそくしょうよく》の貪」と「不喜足大欲《ふきそくだいよく》の貪」とに分類をしています。貪りがまったくない無欲の状態になれば、私たちは持っていないことを嘆かずに生きていけますが、それは日常の生活から離れ、しっかりと修行することによって到達できる境地です。日々の生活では、持っているものに喜ぶことができれば、ちょっとの欲があっても構いません。ただしたくさん持っていても喜ぶことができず、必要以上に欲しいと思う心はコントロールが必要です。そのためには、自分が持っていないものや失ってしまったものを数えるのではなく、今あるものを数えてみましょう。とりあえず生きるために必要なものを持っていることが確認できるでしょう。それから誰かが自分を助けてくれた経験を思い出してみましょう。育ててくれた人の顔、自分に送られた助言や激励、一緒に泣いてくれた仲間との時間、今までの人生のなかにこれまで気がつかなかった宝物がねむっていたことに気がつくこともあるはずです。

10

欲望をセーブする

ブッダのことば

『スッタニパータ』第152偈

異なる教理に影響されず、戒をまもり、正しい見解をたもつ人は、さまざまな欲望を貪《むさぼ》る欲求を制することで、母胎に宿ってふたたび生まれ変わることは決してない。

法然のことば

『念仏往生要義抄』

はるか昔から、貪りや瞋《いか》りを具《そな》えた身なので、ながらく煩悩を断つことが難しいのです。

仏教には輪廻《りんね》という考え方があります。私たちの命が尽きると、自分の生前の行いが原因となって①天界、②人間界、③畜生《ちくしょう》界、④餓鬼《がき》界、⑤地獄《じごく》界という五つの境涯のどこかに生まれ変わるのが輪廻であり、迷い続ける限り私たちはこの五つの境涯のなかに縛られて生きることしかできないと仏教では考えます。この五つに修羅《しゅら》界を加えて六道《ろくどう》輪廻と呼ぶこともあります。ブッダはこの輪廻から抜け出すための教えを説き広めました。

ところで、どうして輪廻から抜け出る必要があるのでしょうか。たとえ死んだとしても、何かに生まれ変わってやり直せるならラッキーと思う人もいるでしょう。最近では異世界転生を描く漫画やアニメがたくさんあって、生まれ変わりがいいものと感じる方もいるかもしれません。確かに自分の人生が辛く、苦しいものなら「死んでやり直したい」「死んで楽になりたい」と願うこともあるでしょう。またやり直しがきくならどんな形でも人生をやり直したいと考えることがあるかも知れません。しかし、輪廻の世界は過酷です。その過酷さには二通りがあります。

一つは自分自身が餓鬼や地獄などの苦しい境涯に生まれ変わることです。餓鬼になれば満足に食事をすることもできず、常に空腹に悩まされて暮らしていかねばなりません。あるいは地獄に堕ちるとさまざまな苦痛を受け続けることになります。最も苦しい地獄を

「無間《むけん》地獄」といいますが、これは間断なく苦しみを受ける地獄という意味です。この世では味わうことのない大きな苦しみに常にさいなまされるのが地獄です。

もう一つは、みんながみんな輪廻すると想定することで生まれる考えです。たとえば今生で自分のパートナーとなった人が死んでしまうと、次は動物や虫に生まれ変わるかもしれません。そんなことを信じたくはありませんが、それが起こるのが輪廻の世界。そう考えると、自分の血を吸いに来て殺した蚊が先立ったパートナーかもしれないという想像が生まれます。あらゆるものが輪廻していると、前世での恋人が今の世の敵であり、現世での友人を来世は食べてしまうことになるかもしれない。生まれ変わる先を私たちは自分で選ぶことができません。自分が食べているお肉が、幼いころに亡くなったおじいちゃんかもしれない。輪廻はそんな想像をもたらすもの。実に嫌な世界です。

ブッダはそんな世界から抜け出しなさいと私たちを導き、その方法を示してくれました。それが欲望をセーブして生きること。輪廻の原因となるのは煩悩です。それゆえ、もっと欲しいという貪りや、こらしめてやろうという瞋《いか》りを、自分の原動力としていては輪廻から離れることができず、繰り返し苦しい境涯に生まれ変わることになります。一方で、正しい教えを聞き、よい生活習慣をたもち、しっかりと善悪を判断できれば、輪廻の原因となる煩悩を制御することができます。煩悩をセーブするためには、正しい生活をする必要があります。まずは規則正しい生活によって体を整えます。体調がよくなると心も安定します。そうするとムラムラやイライラが減っていきます。こうなると来世もより良い環境で過す可能性が大きくなります。またいずれ過酷な輪廻の世界から離れる可能性が大きくなっていきます。

法然も貪りや瞋りを具えた身なので、煩悩を断つことが難しいと言います。生まれ変わりを繰り返し、母胎から誕生するのが輪廻の世界であり、その原因が煩悩です。そして多くの煩悩が、貪りや瞋りから生まれてくる。この二つの欲望、すなわちもっと欲しいという欲望とこっちに来るなという欲望をセーブして生活していけば、自然と幸せを感じる時間が増え、それが輪廻を離れるためのエネルギーにもなっていくことでしょう。

〈第二章〉
よく生きるコツ

石田一裕

1 善き行いに励もう

ブッダのことば
『ダンマパダ』第183偈

いかなる悪をも犯さず、善いことに努め、自分の心をすっきりと清らかにすること。これが諸《もろ》もろの御仏の教えである。

法然のことば
『念仏往生義』

善き大地に善き種をまくようなものです。

仏教には「唯識《ゆいしき》」や「空《くう》」など難しい教えがたくさんあります。深く仏教を学ぶためにはそのような知識が必要であり、読者のみなさんのなかには、たくさんの仏教書を読んでいる方もいることでしょう。たしかに研究の対象として経典を読解するのは楽しいことで、西洋哲学にまったく見劣りしない精緻な仏教思想は人を魅了するものでもあります。一方で、仏道を実践することは決して難しいものではありません。スリランカやミャンマー、またタイといった上座部仏教を信仰する国では、子供たちが出家して寺院で沙弥《しゃみ》となって小僧《こぞう》体験をします。ブッダの教えは小さい子供でも実践できるもので、難しい知識が前提となるわけではありません。ブッダの教えは対機説法《たいきせっぽう》といって、人々の能力や状況（これを機といいます）に対して、相応しい教え（これを法といいます）を説いたのであり、老若男女を問うことなく、それぞれに実践できる教えがあるのです。

そのブッダの根本的なスタンスを示すのが『ダンマパダ』の183偈です。この一文は「諸悪莫作《しょあくまくさ》　衆善奉行《しゅぜんぶぎょう》　自浄其意《じじょうごい》　是諸仏教《ぜしょぶっきょう》（諸もろの悪を作《な》すこと莫《な》く、衆《もろ》もろの善を行じ奉《たてまつ》り、自から其《そ》の意を浄める、是れが諸仏の教えなり）」と漢訳され、七仏通戒偈《しちぶつつうかいげ》として知られています（衆善を諸善とすることもあります）。この教えは「諸もろの御仏の教え」と説かれているように、ブッダ一人が説いたものではなく、たくさんの仏さまがこれを示してきたこととされます。仏教では伝統的にブッダの前にも六人の仏がこの世にいたと考えます。この六人の仏とブッダを合わせて「過去七仏」とよびます。悪を離れて善をおさめることは仏たちの共通認識であり、そのような行動を通じ自分自身の心を浄めることが仏教の眼目です。そして、難しいお経を読んだり、厳しい修行をすることも、上座部仏教の国で小僧となることも同様にこの教えの実践です。

さて、仏教の説く善行には五戒（①不殺生、②不偸盗、③不邪婬、④不妄語、⑤不飲酒）のように悪いことをしないという教えと、六波羅蜜《ろっぱらみつ》のように積極的に善いことをする教えとがあります。六波羅蜜とは①布施《ふせ》（めぐみほどこすこと）、②持戒《じかい》（いましめまもること）、③忍辱《にんにく》（たえしのぶこと）、④精進《しょうじん》（つとめはげむこと）、⑤禅定《ぜんじょう》（しずめたもつこと）、⑥般若《はんにゃ》（さとりめざめること）の六つの徳目を完成させることです。日常の暮らしでは、席を譲ったり優しい言葉を用いながら、規則正しい生活を送り、イラっとしたときはぐっとこらえて、自分の仕事に励み、集中する時間を取ることで、心が落ち着き、正しい判断をすることができるようになります。善い行動、善い生活が心の平穏につながるのです。

このような善行を積極的に実践することは、法然もまた私たちに勧めるところです。英語にはカルティベイション（cultivation）という言葉がありますが、この語は大地を耕作すること、また自身を修練することの意味があります。野菜をつくるときには土に肥料を与え、害虫や雑草を除き、善い環境を整えることで、実りが豊かになります。仏教では心を地面にたとえますが、心は善行という鍬で耕され、また優しい言葉や穏やかな時間が肥料となり、よい土壌となります。そして、そこに仏さまの教えの種を植え付けていくことで、私たちは幸福を得ることができます。

法然は念仏を唱えれば、阿弥陀さまが救い取ってくれると力説しますが、だからといってわざと悪いことをしたり、さぼったりすることをよしとはしません。それは心を傷つける行為。心という畑をしっかりと耕してよい状態を保ちながら、仏さまの言葉を見聞きし実践することで、心が癒されると同時に、素晴らしい結果を得ることもできます。さあ、善き行いに励みましょう。

2 善い行いは幸せを呼ぶ

ブッダのことば

『ダンマパダ』第120偈

善業の報いという実が熟さない限り、善人でも禍《わざわい》に遭うことがある。しかし善業の報いという実が熟した時、善人は幸せな思いをする。

法然のことば

『登山状』

善行を実践する人は善いところへ行く結果を得て、悪行を実践する人は悪い道へ行く結果となる。この因果の道理を聞いていても聞いていないようなものです。

自分の行ったことの結果が、自分に帰ってくることを「自業自得」といいます。これはブッダの説いた原則の一つです。この原則のなかで善い行いをしてよい結果を得ることを「善因善果」、その逆に悪い行いをして悪い結果を得ることを「悪因悪果《あくいんあっか》」とよびます。行為の善悪はブッダの定めた戒律などの行動規範を守るか守らないかによって決定されます。戒律には在家に示された五戒、また出家に示された二五〇戒などがあります。この他に在家と出家に共に示される十善・十不善という規範があります。十善とは①不殺生《ふせっしょう》、②不与取《ふよしゅ》、③不邪婬《ふじゃいん》、④不妄語《ふもうご》、⑤不両舌《ふりょうぜつ》、⑥不悪口《ふあっく》、⑦不綺語《ふきご》、⑧不貪欲《ふとんよく》、⑨不瞋恚《ふしんに》、⑩不邪見《ふじゃけん》（正見）、という十種の行為です。この逆が十不善となります。自分自身が殺したり、盗んだりしてはいけないのはもちろん、誰かに指示をして殺させたり、盗ませることも自分でやるのと同様に禁止されています。

このような生活規範を守りながら行動すると、私たちの行いは正しいものとなり、その結果が心に蓄積されます。その逆も同様で、悪い行いの結果も心に蓄積されます。仏典はこのような行いの結果を「異熟《いじゅく》」と呼びます。異熟は「異なって熟す」ということで、善悪の行為が熟して苦楽の結果を生み出すということです。原因となる行動は道徳的なものですが、苦や楽という結果は私たちの受け止め方であり、それ自身は道徳的なものではありません。それゆえ自業自得の原則を厳密にいうと「善因楽果・悪因苦果」となります。楽や苦という結果は道徳的なものではないので、それが再び原因となって新たな結果を生み出すことはありません。善悪の行為の結果はただ一度きりで、楽しい結果や苦しい結果となって現れます。原因と結果の性質が異なっていて、さらにその結果は時間を経過してから現れるので「異熟《いじゅく》」というのです。

そうすると善いことをすると、いずれ楽しい結果になるものが心に生まれます。牛乳が熟成を経て美味しいチーズになるように、善い行いもまた心のなかで熟成されていきます。その熟成の前には嫌なことや苦しい目にあうこともありますが、そういったときでも良い行いで得た功徳は熟成を続け、やがて楽しい結果となり、幸せを生み出します。

修行者にとっての最大の幸せはさとり、すなわち涅槃ですから、正しい生活規範である戒律を守り、心を調える瞑想修行に励みます。そして、それによってもたらされる清らかな智慧によってさとりの境地にたどり着くことができます。仕事があったり、家族がいれば、修行者のようにさとりを得ることに特化した生活を送ることは難しいことですが、しっかりとした早寝早起きやバランスの良い食事、また優しい言葉遣いなど、生活規範を守り、思いやりを持って行動すると、心も自然と落ち着きを増し、そうなると小さな幸せをキャッチすることができるようになります。もちろん、穏やかな生活のなかにも色々な困難や辛い思いをする場面があるかもしれません。だけど、それは熟成された幸せが生まれる前の前菜です。善い行いは必ず幸せに繋がっていきます。疑う事なく、善いことを実践していきましょう。

【十善―ブッダの示す十種の善い行い】

①不殺……殺さないこと	⑥不悪口……人を罵り傷つけないこと
②不与取……盗まないこと	⑦不綺語……おべっかを言わないこと
③不邪婬……不倫しないこと	⑧不貪欲……貪らないこと
④不妄語……嘘をつかないこと	⑨不瞋恚……怒らないこと
⑤不両舌……言葉で人と人との関係を悪くさせないこと	⑩不邪見……正しく物事を見ること

3 善いことは繰り返そう

ブッダのことば

『ダンマパダ』第118偈

もし人が善いことをしたならば、同じことを繰り返すべきである。同じことをしたいと心がけよ。善の積み重ねは幸いをもたらす。

法然のことば

『七箇条制誡』

戒は是れ仏法の大地なり。

どんな人でも「なくて七癖」といわれるように、癖というものがあります。それは自分では気がつかないことかもしれませんが、生まれた時からの生活環境のなかで、知らず知らずのうちに私たちは癖を身につけていくようです。癖には手癖や足癖、あるいは寝癖など動作に関わる癖や、また口癖というように言葉に関わる癖もあります。辞典を引くと「心癖《こころぐせ》」という言葉もあるようですが、これは心についた癖ではなく、生まれつきの癖、性癖また習性という意味のようです。

ところで癖というのは不思議なものです。貧乏ゆすりや爪噛み、あるいはため息などその動作自体は目にする事ができますが、最初はそれが癖だと気がつかない。「これはこの人の癖なんだ」と理解するためには、長く付き合ったり、一緒に生活する必要があります。こう考えると、私たちが見ることができるのは、具体的な動作であって、癖そのものではありません。癖は特定の動作を引き出す目に見えない力のようなものということもできましょう。

仏教では動作や言葉遣いに影響を与える癖を「無表業《むひょうごう》」や「無表色《むひょうじき》」と呼びます。無表とは文字どおり「表れない」ということ、業は行為、色は肉体や物質といった意味ですから、これらは目に見えない行為、あるいは目に見えない物質という意味になります。それは確かに体にそなわっているけど、見る事ができないものです。このような無表業は、何か強烈な善行や悪行を行った場合に身につくものと考えられてきました。このうち強烈な善行とは戒を受けることであり、悪行としては殺人などがあげられます。

推理小説をよんだり、刑事ドラマをみていると、たいてい殺人犯が現れます。この犯人は葛藤や感情の大きな高ぶりなどによって人を殺めます。ただその犯罪が露見しそうになって、二度目の犯罪を犯す時には一度目ほどの葛藤がなくなり、手際が良くなる事がありま す。あるいは物語で窃盗や横領などが描かれる時も同様で、最初は廉価な品物や少額の金銭に手をつけていたにも関わらず、段々と手口が大胆になり、また金額も大きくなっていきます。仏教教理学でいえば、これが悪い無表業になります。重大な犯罪を一度でも犯すと、強烈な悪行を実践した結果として悪い癖が身についてしまうのです。だから二度目以降は悪事に抵抗がなくなっていく。悪いことを繰り返せば繰り返すほど、それを実践するハードルが低くなっていきます。こうなるといずれ強大な苦しみを報いとして受けることとなります。

その逆に仏教徒となる儀式である授戒を受けると、悪いことを防止する癖が生まれます。人を傷つけようとする時にその手がぐっと止まったり、悪口を言おうとするとその言葉が出る前に口がふさがるといった事が「止悪《しあく》」という受戒の効果です。それによって自然と悪いことを行わなくなり、また積極的に善行を修めるようになります。すると、その結果がいずれ大きな楽しみになって帰ってきます。

法然も「戒は仏法の大地」と述べており、実際にさまざまな人に戒を授けました。法然自身は三学非器《さんがくひき》といって、戒律を守ること、禅定修行を実践すること、そして智慧を獲得することができないという自覚のなかで、自分がどうすべきかを考えました。その結果として、阿弥陀如来への帰依と南無阿弥陀仏と唱える称名《しょうみょう》念仏の実践にたどり着きました。一方で、はたから見ると法然は戒律をしっかり守っている人物であり、また人々に戒律を授ける高僧でした。きっと悪いことをしやすい環境である末法という世の中において、右往左往しながら生きてる人々に、少しでも悪いことをしないように、そしてできるだけ善いことができるようにと戒を授けたのでしょう。現代においても、私たちにはいつも正しい行動をすることは難しいものですが、善いことを繰り返して善い癖を身につけていきましょう。

4 いたずらに投げ出すな

ブッダのことば

『ダンマパダ』第３０偈

マガヴァー（富を持てる者、インドラ神）はひたむきに打ち込み神々の頂点に立った。ひたむきに打ち込むことを人々は賞賛する。いたずらに投げ出せば常に非難される。

法然のことば

『諸人伝説の詞』

また人目を気にすることなく往生の業を相続すれば、自然に三つの心が具わってきます。

継続は力なり。誰もが知っている言葉ですが、私たちは三日坊主になりがちです。三日坊主とは思い立って出家し、寺で修行を始めたものの、三日も持たずに寺を出てしまうこと。当初の志が気高いものでも、それを継続し続けるのは難しいものです。

さて『ダンマパダ』第30偈ではマガヴァーという神さまのことが説かれます。この神様はインドラという名前で知られており、漢字にすると帝釈天《たいしゃくてん》となります。仏教では輪廻を説き、善い行いをすることで神様になることができると考えます。そうであれば、インドラもまた何かの行いの結果として神様となったといえましょう。それではインドラは前世で何をして偉大な神となったのでしょうか。

インドラは前世で人間であったとき、次の七つの事柄を実践しました。第一に親孝行、第二に年長者を敬うこと、第三に穏やかな言葉を使うこと、第四に誹謗中傷をしないこと、第五に施し与えること、第六に真実を語ること、第七に怒らないこと、この七つを命のある限り実践しようと誓い、これを完璧に実践したことがインドラ神誕生の背景にあります。

ここに紹介した七つの実践は、それほど難しいことではありません。誰もがやろうと思えばできる日常的な善行といえましょう。ただし、それを一生涯にわたって続けることは難しいことです。母の日や父の日には親に優しく接しても、次の日には喧嘩をしてしまい、言葉遣いを直そうとしても数日後には暴言を吐き、誹謗中傷はやめようと思ってもついSNSなどに行き過ぎた批判を書き連ねてしまう。どんな人でも一日や二日であれば、すんで善いことを実践できますが、それを続けるには強い意志が必要となります。そして、禁煙や禁酒、あるいはダイエットなどを途中で投げ出すと、他人から非難されたり、あるいは自己嫌悪に陥ったりします。

それではいたずらに投げ出さないために、私たちは何をするとよいのでしょうか。そのヒントを法然の生き方から学んでみましょう。

法然は43歳で専修念仏《せんじゅ》者となりました。専修念仏者とは、毎日たくさんの念仏を唱えて生きていく仏教者のことです。法然が唱えた念仏の回数は毎日六万回、その生き方を80歳で亡くなるまでずっと続けました。法然は「一度の念仏で往生できると信じて、一生涯にわたって念仏を唱え続けなさい」と述べ、信仰と実践の二つを大切にします。その一方で、お念仏を唱え続けると、往生に必要な三つの心が自然と具わってくるとも述べ、実践を通じて心が育まれていくとも言っています。

私たちは物事を投げ出す時に「やる気」を問題とします。やる気のあるなしで行動が決まってくるもので、継続できなくなるのはやる気がなくなるからだと考えます。もしかすると「やる気がなくなった」というのは、行動をしないための言い訳なのかもしれません。法然の生きかたはこれと逆です。とりあえず念仏を唱えてみなさいと言う。行動が先で心が後です。それでもさぼりたくなることもあるでしょう。法然は「毎日どれくらい念仏を唱えるとよいですか？」と問われ、「一万回から始めて、二万回、三万回、最終的には十万回まで増やすといいでしょう。あとはあなたの心次第です」と述べ、具体的な目標を設定して日々の念仏に励むことを勧めます。その目標は自分でできると思った範囲で立てることが重要で、最初から無理をしたものを目指すことはありません。実践できるところから始めて、だんだんと回数を増やしていく。その実践のなかで心が変わっていきます。法然の生き方は行動の大切さを私たちに教えてくれます。

行動は思い立った時からできるものです。これまでで諦めたこと、また投げ出したことがあったら、今から始めてみましょう。具多的にできるところから始めると、きっと気持ちも変わっていきます。

5 悪口は慎もう

ブッダのことば

『ダンマパダ』第133偈

誰に対しても棘のある言葉を口にするな。言われた人たちはあなたに言い返すであろう。なぜなら感情的な言葉は苦痛に満ちているから、諸もろの仕返しがあなたを害するだろう。

法然のことば

『津戸の三郎入道へ遣わす御返事』

ですから、そのようにうそ偽りをまことしやかに仰っているような人は、かえって哀れむべき人です。

口は禍《わざわい》の門という言葉があります。口は禍の元ともいわれますが、口から出る言葉が色々な禍をもたらすという意味で、人は言葉に気をつけないと思わぬ不幸に出くわす事があるものです。

十善（①不殺生《ふせっしょう》、②不与取《ふよしゅ》、③不邪婬《ふじゃいん》、④不妄語《ふもうご》、⑤不両舌《ふりょうぜつ》、⑥不悪口《ふあっく》、⑦不綺語《ふきご》、⑧不貪欲《ふとんよく》、⑨不瞋恚《ふしんに》、⑩不邪見《ふじゃけん》）という十種の行動規範のうち、①から③が身体に関わるもの、④から⑦が言葉に関わるもの、⑧から⑩が心に関わるものであり、言葉に関わるものが一つだけ多くなっています。インドでも言葉には気をつけるべきだという認識が古くからあったのでしょう。

さて言葉というのは、とても面白いものです。文章にするときは推敲《すいこう》を重ねて美しいものを書く事ができます。スピーチの時などには十分に準備した原稿を用意することもあり、話すときでも事前に準備する事ができます。一方で、演劇では台本にない台詞や演技をアドリブといい、雰囲気に合わせた即興の言葉が場を盛り上げることもあります。日常の会話には台本がなく、ある意味で全てがアドリブですが、誰かと話しをする時には大体の場合、相手の立場や年齢などのさまざまな前提や、話題と呼ばれる話の主題を共有している事がほとんどです。逆に全く初対面の人と話すときには話題探しに苦労します。

言葉がでるときに、相手がいないこともあります。例えば感情が高ぶった時にでる雄叫《おたけ》びや嗚咽《おえつ》。試合に勝ったとき、試験に失敗したとき、笑顔や涙とともに言葉にならない声が出ます。ブッダも宗教的な感情が高まったとき、ウダーナという詩がふと口をついたといわれます。私たちは雄叫びや嗚咽以外にも、怒りや恨みといった感情が高まったときに誰かに言葉をぶつけることがあります。ただし誰かに言葉をぶつけると、自分にも言葉が返ってきます。とくに自分の言葉に棘があるとき、それもその棘があればあるほど、相手から返ってくる言葉も鋭いものになるでしょう。売り言葉に買い言葉といいますが、言葉の応酬が次第にヒートアップしていくと、手が出てしまったり、それがさらにエスカレートして大きく傷つけあってしまうことになることも。だからこそ私たちは棘のある言葉を慎む必要があります。

現代では口から発する言葉だけではなく、スマホやパソコンで綴った文章が深く相手を傷つける事もあります。文章は声とは違い、自分で読み返し、相手にどういう影響を与えるかを考える事ができます。それでもネットやSNSでは誹謗中傷が絶えることなく、訴訟にまで発展することもあります。文字となった言葉が、これほど人に悪影響を与えることは、もしかしたらブッダも想像しなかったことかもしれません。感情的な言葉が苦痛に満ちているのは今も昔も変わることなく、またネットという自由な発言の場において、誰もが自由に発信できる今の世はその苦痛の総量が大きくなっているのだと思います。

法然は念仏のみで往生できることを説き広めましたが、その主張はさまざまな批判をうけました。それは過熱して、一時は僧侶の身分をはく奪されたほどでした。一生懸命に念仏を唱えている弟子たちも「念仏だけで往生できるはずがない」と心無い言葉を受けたこともあったのでしょう。そんな弟子たちに、そういう発言を信じてはいけないと伝え、またそういってくる相手を気の毒に思いなさいと述べています。誰かを批判したり否定したりする人にも、それなりの事情があるはず。そんなことを言わざるをえないことを気の毒に思い、相手の心情に思いを寄せなさいと法然は伝えています。棘のある言葉を使わないこと、またそれを言う人にあったときには、逆に思いやりを持つこと。ブッダと法然の教えをできうる範囲で実践してみましょう。

6 怨みは幸せをもたらさない

ブッダのことば

『ダンマパダ』第197偈

さぁ私たちは真に幸せに生きていこう。怨みを抱く人々の中でも怨むことなく。怨みある人々の中で暮らしていこう。怨むことなく。

法然のことば

『四十八巻伝』法然の父親の遺言

もし、おまえが恨み心をもったならば、その恨みは何世代にわたっても尽きがたいであろう。早く俗世を逃れ、出家して私の菩提を弔い、おまえ自身も、さとりを求めるにこしたことはない。

怨親《おんしん》平等という言葉があります。自分を怨む者にも、自分に親しみを感じる人にも分け隔てなく接することを意味します。この実践として、戦争などで亡くなった人を供養するときには、敵味方の区別なく祈りを捧げます。どんな人に対しても同じような態度で接することは、人付き合いをするうえでの理想ですが、実際に怨んでいる相手に対してそう行動するのは難しいことです。

さてブッダは怨みをコントロールする方法について「どこにおいても、どんな時でも、怨みによっては、いかなる怨みも止むことはない。友愛によってこそ怨みは止む。この教えは世の常である」(『ダンマパダ』第5偈)と述べ、仕返しなどによって怨みが晴れることはなく、相手を思いやったり怨みを捨てることこそが重要だといっています。この『ダンマパダ』の教えは、第二次世界大戦後の1951年、サンフランシスコ講和会議で、スリランカの全権代表として参加したジャヤワルデネ氏(後のスリランカ大統領)がスピーチのなかで引用し、対日賠償請求権を放棄する旨を示しました。これはブッダの教えが現実の世界で効力を発揮した具体例です。

浄土宗の開祖となった法然の人生にも怨みがかかわってきます。法然は1133年に今の岡山県で誕生し、幼少期を過ごしました。聡明な法然は大切に育てられましたが9歳の時に悲劇が訪れます。法然の父親は漆間時国《うるまのときくに》といい、地元の治安を維持する仕事をしていました。そこでトラブルが起こり、夜討ちをかけられます。一命はとりとめたものの、重傷を負ってしまいました。そして息子である法然に冒頭の遺言を残しました。その時の少年の気持ちはわかりませんが、その遺言はしっかりと守られ、法然は出家者としての道を歩んでいきました。ただそのなかで父を殺した相手に対する怨みが心のなかに生まれたのかもしれません。「あるときには敵や怨みを抱く相手に出会って怒りの炎が消えることはありません」という法然のことばから、そう推測したくなります。けれども法然はその怨みを怨みによって晴らすことはしなかった。ときに負の感情を抱く普通の人をそのまま受け止めてくれる阿弥陀仏を信仰して、生涯を送りました。

ブッダの時代も、法然の時代も、そして現代も怨みにあふれています。法然のように親が殺されるような経験はまれだとしても、誰かから言われた一言に腹を立て、見下した視線を受けて不快な気分になり、また仕事のトラブルで腹を立てる。こういったことが怨みを生んでいきます。このような怨みにとらわれていては幸せになることはできません。しかし、人は自分が嫌な思いをしたことは忘れません。そういった思いにとらわれ、怨みを抱きながら生きていく。社会にはそういう人がたくさんいて、怨みが満ちています。

SNSにはそれが書き込まれていて、多くの賛同を集めることさえあります。それは怨みが増幅されていくようにも見えます。ブッダの言う通り、怨みを晴らそうと相手を憎み暴言を吐いたりしても怨みがなくなることはありません。もしかすると、余計に怨みにとらわれてしまうかも知れません。怨みから自由になるためには、友愛の心をもって生きていくことが大切です。

それでは友愛とは何でしょうか。友愛は忍耐と慈悲によって育まれる思いです。嫌なことを受け止め耐え忍ぶことと、そうせざるをえない相手を思いやって受け止めること。これによって怨みが減少していく。それでもなお怨めしい気持ちが消えないときは、ブッダの教えを学びましょう。自分自身をブッダにしっかりと受け止めてもらえば、少しは気分が楽になるはず。そうしながら怨みを少しずつ手放し、心の自由を得ていきましょう。その自由は必ず幸福をもたらしてくれます。

7 智慧をもって心を正す

ブッダのことば
『ダンマパダ』第33偈

心とは〔時に〕震え、〔時に〕落ち着きがなく、思い通りにならず抑え込めない。弓矢を作る人が矢を正すように、智慧ある人は心を正す。

法然のことば
『三部経釈』

良薬を手に入れたのに服用しないで死ぬようなことがあってはいけない。

ブッダは体や言葉によって善行を実践し、自分の心を浄めていくことの大切さを説きました。それでは浄められる「心」とは一体どんなものなのでしょうか。

日本語の「こころ」には多様な意味があります。例えば「心ない発言」といえば思いやりや配慮に欠いた言葉、「心がわり」といえば愛情が他に移ることを意味します。あるいは「心積もり」は計画のこと、「心にもない」とは思ってもいないことを意味します。日本人は思いやり、愛情、考え、思いなどを「こころ」と考えてきたようですが、仏教もまた心についてさまざまに考えを巡らせてきました。

仏典で「心」と同義とされる言葉に「意」と「識」があります。これは「こころ」と呼ばれる私たちの精神に、心・意・識という三つの側面があるということです。インドの言葉では「心」を「チッタ」、「意」を「マナス」、「識」を「ビジュニャーナ」といいます。「心（チッタ）」はさまざまなものが積もることを意味し、「意（マナス）」は考えることを示します。「識（ビジュニャーナ）」は認識のことであり、この認識には六種類があります。すなわち、見ているという認識、聞いているという認識、嗅いでいるという認識、味わっているという認識、触っているという認識、考えているという認識です。私たちは自分の目や耳などの感覚器官を通して外界を認識し、またそれを土台に思考します。清らかな心であれば、正しく外界を認識し、正しい判断をくだすことができます。一方で、心が汚れていると事実を誤認し判断を誤ります。心を汚すものが煩悩で、つまり心が煩悩と共にあるとき、いろいろな間違いを犯してしまいます。その間違いは、智慧によってただされ、智慧が働くことで心と煩悩の関係が解消され、心が浄められます。そうすることで正しい判断ができるようになる。

たとえば救急救命にたずさわる医師を考えてみましょう。普通の人が事故現場に遭遇すると、たくさんの血が出た人や普段まったく見たことのない非日常の光景を前に大きく混乱して、どうすればよいかわからなくなります。どうにか救急車を呼ぶことはできても、けがの応急処置までできる人は多くはないでしょう。また事故に出くわしても、自分はまったく関係ないと傍観を決め込み、スマホなどで動画や写真を撮る人もいるでしょう。これも自分の心を守る一つの手段なのかもしれません。しかし、医師は違います。大けがをした人を見れば、直ちに的確な判断を下し、最善の治療を進めていく。たとえ手足が切断されていたり、血まみれで眼をそむけたくなるような場合でも、一つ一つやるべきことをこなしていきます。医師は専門家としてその状況でベストな判断を下す智慧をもっているからこそ、救命の現場でも冷静さを保ち、使命を果たすことができます。この適切な判断が智慧の働きです。

　ブッダには「医王」という呼称があります。医者の王様という意味です。ブッダの眼には、私たちが心にさまざまな病を抱え、日常を苦しみながら生きていると映ります。智慧があれば心はどんな時も動じることなく、また人に対しても的確な助言ができる。医師がたゆまぬ研鑽の末に智慧を獲得するように、私たちの智慧もブッダの教えを日々実践することで育まれていきます。ブッダの教えは、私たちの心に巣くった病を治療する最高の薬であり、法然も最高の薬があるのに飲まないで死んではならないと述べています。心は不安定で、コントロールするのが難しいものですが、ブッダの教えを大切にして生きていけば、心がただされていく。そうすると迷うことなく正しい判断ができるようになります。私仏教と出会い、それを実践する機会を得たならば、ぜひとも仏道を歩んでみましょう。私たちの智慧が徐々に正しいものとなり、心が清められていくことでしょう。

8

誠の心がない人に智慧は具わらない

ブッダのことば
『ダンマパダ』第38偈

心は散り乱れ、正しい教えを知ろうとせず、どこに誠があるのか定まらない人には、智慧は具わらない。

法然のことば
『七箇条起請文』

ときどき特別な時間をつくって念仏修行をして、心や身体を励まし、調え、すすんでいくべきです。

仏教には大切にすべき三つの宝物があります。一つ目が仏さまという宝物、二つ目が仏さまの説いた教えという宝物、三つ目が仏さまの教えに従って修行する教団という宝物です。これを仏・法・僧の三宝といいます。仏教を大切にする国では必ずこの三宝を大事にし、また三宝に帰依《きえ》することが、仏道を歩むスタートラインとなります。「帰依」とは「神仏や高僧を深く信仰すること」を意味しますが、インドの言葉で「ナマス」といい、お辞儀をする、あるいはお願いするという意味です。ヒンディー語で「こんにちは」を意味する「ナマステー」を直訳すると「あなた（テー）」に「お辞儀します（ナマス）」となります。仏教語ではお辞儀を礼拝《らいはい》といい、三宝に帰依するということは、具体的に仏像、経典、教団に対して礼拝することとなります。この三つの宝物を大切にしていると、心に「誠」が生まれます。この「誠」は「心の清らかさ」や「浄信」と言い換えることもできます。

さて、宗教では信じることの大切さが説かれます。仏教でも信は大切な心の働きの一つです。ところで「あなたには信仰している宗教がありますか？」と問われたら、みなさんは何と答えるでしょうか。NHK放送文化研究所で行っている「日本人の意識調査」にはこれと同様の質問があります。この結果を見ると仏を信じているという人は38％、また何も信じていないという人が32％います。「信仰をもっている」とはっきり答える人はそんなに多くはないようです。一方で、この調査は宗教的な行動についても調べていて、そのなかでお墓参りに行くと答えた人は70%にのぼります。おそらくお墓参りに行く人のなかには、何も信じていないと答えた人がいるはずです。信じるものがなくても、お墓参りをするというのは、なぜでしょうか。

私たちは信仰や信心というと「何かを信じること」と考えます。たとえば仏教を信仰する、仏を信じるというように、信仰とは何かの対象を信じ仰ぐことであると思っています。けれどもそういう何かを信仰していなくても、お墓参りをする人がいる。それはお墓参りをするとすっきりするからでしょう。お墓だけではなく、寺院や神社の境内に足を踏み入れて清々しい気持ちになったり、神仏に手を合わせて心が軽くなったりした経験がある方も多いことと思います。この心がすっきりした状態が仏教の考える信です。仏教における信とは何かを信じる心というよりも、心がすっきりした状態ということなのです。

お墓参りで心がすっきりするように、心は行動によって変化します。仏・法・僧という三つの宝物に敬意を示して生きていくと、それを前にしたとき自然と心がすっきりするようになります。そして、澄み渡った心になったとき、私たちの視野が広がりいろいろなことに気がつき、物事を見つめ直すきっかけを得ます。暮らしのなかにリフレッシュの時間が必要なのも同じ理由でしょう。

法然も心が落ち着かなくなり、体がだるくなったときには、特別な時間を設定して念仏修行に励みなさいといっています。これが法然なりのリフレッシュだったのでしょう。念仏に励んで心を調え、すっきりとした心で仏道を歩んでいく。誠の心をもった法然は、苦しいこの世を生きるための智慧を示しました。多くの人々がそれに魅了され、一つの教団が形成されるに至ります。ブッダもまた同様です。清らかに澄んだ心で人々と接し、さとりの智慧によって苦しむ人々を救い出した。私たちもその歩みを真似し、「誠」の心をもちながら生きていけば、きっと智慧が生まれるはず。それは自分自身を育み、また他者を導くものとなるでしょう。

9 ひたむきに打ち込め

ブッダのことば

『ダンマパダ』第27偈

いたずらに投げ出したまま放っておくな。愛だの恋だの、うつつを抜かすな。ひたむきに打ち込んで専念している人こそが大きな幸せを得る。

法然のことば

『徒然草』第39段

ある人が法然上人に「お念仏を唱えていると、睡魔に襲われて修行をサボってしまう事がありますが、どうやったらこれを止める事ができるでしょうか」と聞いてみると「目が覚めた時にお念仏をお唱えください」とお答えになりました。とても尊い事です。

仏道修行に一生懸命取り組むことを精進《しょうじん》といいます。この語は、ここから転じて物事に打ち込み努力することを意味するようにもなりました。また精進と聞くと精進料理を思い浮かべる方もいるでしょう。肉や魚を使わない料理は仏道修行の象徴であり、この料理のイメージから、精進を「慎ましい努力」と考えている方も多いかもしれません。しかし、インドでの精進はこれと違ったイメージがあったようです。

インドの言葉で精進は「ビーリヤ」といいます。もともとは英雄や強さ、力などを意味し、「勇猛」と漢訳されることもあります。どちらかというと勇ましいイメージがある言葉です。現代日本では宗教者を英雄と考える人は少ないかもしれませんが、インドでは事情が違ったようです。仏典ではブッダは勝者や偉大な英雄とよばれる事があります。偉大な英雄はインドの言葉でマハービーラといい、ジャイナ教の開祖の名前としても知られています。宗教者は煩悩を滅ぼした勝利者であり、英雄視される事があったのです。

さて、つとめ励むことである精進の反対の行いを「放逸《ほういつ》」といいます。ここでは「いたずらに投げ出す」と訳してありますが、物事に対して散漫になること、集中できないことを意味する言葉です。ブッダはこれを戒めました。現代でもこれが継承されています。それを示すのが寺院にある板木《ばんぎ》という木の板です。

修行生活では、板木を打って音を鳴らし起床や食事の時間になったことを知らせます。これを打つ時、僧侶は「敬まって大衆に白す。生死《しょうじ》事大《じだい》、無常迅速《むじょうじんそく》、各《おの》おの宜しく醒覚《せいかく》すべし。慎《つつし》んで放逸なることなかれ」という経文を唱えます。この経文は「生まれ、そして死んでいくことは私たちにとっての一大事であるが、それはすごい速度で移り変わっていくものである。各々がそのなかでしっかりと目覚め、放逸であってはならない」という意味です。毎朝、目を覚ますとき今日という日を散漫ではなく、精進して生きていこうと誓い、その一日を積み重ねていくのが修行生活です。休まずたゆまず、一年三六五日を毎日励みながら過ごしていく事が、ブッダの示した理想の生き方といえましょう。

もちろん、これは大変に感じる事です。働いている方にとって休日は楽しみでしょうし、日々張り詰めた暮らしのなかでゆっくりとする時間は恋しいものです。いつも励むなんてちょっと無理と思うのは当然です。そんな時は息抜きをしたり、ゆっくりしてから励みましょう。法然も眠たくて念仏ができない人からどうすれば良いですかと問われて、「起きてからお唱えなさい」と答えました。いつも張り詰めていたら疲れるのは当然で、できたらその緊張を少し緩め、日々同じペースで励んでいく事が仏教的な理想です。けれどもそれが難しいこともあるでしょう。仕事では心のスイッチをオンにして目一杯に緊張して頑張っているなら、時にはそれをオフにすることも必要です。ただそのオフは精進のための準備でもあります。

法然もそれをしっかりと理解していたようで、『徒然草』にはそんな法然の姿が描かれています。南無阿弥陀仏と唱えれば誰もが往生できると説いた法然は、自分自身も念仏の実践者として、一日六万遍も南無阿弥陀仏を唱えていました。起きている間は、いつでもどこでも念仏をしていたのでしょう。大勢の門弟たちも、法然が精進する様子を眺め、それを目標にしたはずです。けれども、それがなかなかできない者たちもいました。念仏の最中に眠くなってしまう弟子は、師に及ばない自分を卑下したかもしれません。そして師に助言を求めた。すると、一度、寝て目が覚めたら念仏すればよいという答えが返ってきました。『徒然草』の作者である卜部兼好《うらべのかねよし》はそれを「尊いものだ」と述べています。私たちもブッダや法然の精進を見習いながら、ときどきは休みを取って自分の道を歩んでいきましょう。自身の道がより尊いものとなることを目指して。

10 シンプルな生活を

ブッダのことば
『スッタニパータ』第144偈

満ち足りており、維持しやすく、為すべきことが少なく、生活がシンプルであり、五感は静寂を保ち、賢明であり、傲慢さがなく、家々に対して貪ることがない。

法然のことば
『要義問答』

心をやすらかにするためにも、俗世は厭い捨てるべきものでありましょう。

みなさんは僧侶と知り合いになったらどんな質問をしたいでしょうか。私は「肉を食べていいの？」とか「お酒は飲んで大丈夫？」あるいは「滝に打たれたりするの？」と聞かれたことがあります。多くの人が、出家の生活にさまざまな制限があると思っています。あるいは宗教を信じると、普通の暮らしが送れなくなると考えている人もいるかもしれません。だから熱心に宗教を信じている人を見ると「あれはやっていいの？　これはやっちゃだめなの？」と問いかけたくなるのでしょう。

ブッダの意見はまったく逆です。それは在家の生活こそ窮屈で制限が多く、出家してこそ真に自由な暮らしができるというものです。それではブッダはなぜそう考えたのでしょうか。

私たちは生きていくなかで五感を通じて、さまざまなものを把握します。眼によって色や形を見て、耳によって音声を聞き、鼻によって香りを嗅ぎ、舌によって味を感じ、身体を通じてさまざまな感触を得る。そしてそのような感覚とともに、過去のことを思い出し、未来のことを想像します。このような感覚の働きは誰しもが持っています。世界には実にたくさんのものがあり、私たちの感覚はいつでも刺激を受け続けています。そして、美しいものを見たらまた見たいと願い、素敵な音楽を聴いたら再び聴きたいと欲します。これは私たちの感覚が外界の対象にとらわれているということであり、感覚が不自由であるということです。感覚が不自由になれば、思考が縛られ不自由になる。自由に考え発言しているつもりでも、その思考はさまざまなものに影響を受けて制限されたものなのです。

この感覚を解放するのが出家という生活です。五感に入る情報を抑制することで感覚を守り、より自由に考えることにできるようになる。在家の生活から見たら、出家の生活は規制がたくさんあると思うかもしれませんが、その抑制がなければ、より自由に考え生きることはできないのです。逆にたくさんの情報のなかで生きていくと、思考はどんどん制限されていく。そのなかで出世がしたい、お金が欲しい、恋人を作りたいなどといった欲望が大きくなっていく。そして欲望のために生きていくこととなる。この生き方は苦しみを生み出します。暮らしをシンプルにすることで自由が増え、幸福を感じやすくなる。それを具現化したのが出家という生活スタイルなのです。

法然も出家生活を送りました。その暮らしにはさまざまなトラブルがあり、一時は還俗させられ、晩年は京都を追放されたこともありました。京都を追い出されることが決まった法然は、８０歳近くでいつ死んでもおかしくはないという状況でした。京都を離れることを心配する弟子たちに「これまで京都で念仏を広めてきたが、地方に行く機会がなかった。これはよい機会と思って、念仏の教えを各地に広めたい」と前向きな言葉を伝えました。出家生活には執着するものがありません。だから移動も自由であり、どこへでも行くことができる。そんなシンプルな生活をしていたからこそ、法然は老齢になってもなお前向きな言葉を残すことができたのです。

私たちもシンプルな生活を目指していきたいものですが、それでも生きていれば自然と持っているものは増えていきます。持ち物が増えると暮らしは複雑になっていきます。まずは身近にある物事を大切にして、ものを増やさないことを目指しましょう。それと同時にときには出家する気持ちで思い切って物を捨てることも大切です。特に自分の感情を強くとらえるもの、嫌な気分になるものは少なくしていきましょう。自分の感覚を守るのは自分の仕事。いつでも自由で幸福に生きていくため、シンプルな生活環境をつくりあげていきましょう。

〈第三章〉

暮らしのなかで

北條竜士

1 家族と仕事を大切に

ブッダのことば

『スッタニパータ』第262偈

両親に孝行すること、子と妻を愛し養うこと、また仕事が順調なこと――これが最高の幸福である。

法然のことば

『示或人詞』

私が人として生まれ、往生を願って念仏を唱えることができるのは、ひとえに両親に育てていただいたお陰です。ですから、阿弥陀さま、どうぞ、私がお念仏を唱えた功徳に慈悲を垂れ給い、私の父母を極楽へとお迎えいただき、父母の罪をも滅してくださいと願いましょう。

ブッダは、在家信者、すなわち一般の人々に対しては、親孝行をし、妻子を大切にし、かつ仕事もしっかりと努めること、つまり家庭と仕事を両立し大切にすべきことを説きました。仏教教団にとって在家信者の存在は欠かせないものです。教団は在家の方々の布施を基盤として成り立ち、また仏法の聞き手としても在家信者は重要な存在です。そんな在家信者の理想の生き方は、家族を慈しみ、ブッダと教団を敬い、その教えを尊び、できる範囲で布施を中心とした仏道実践を行うことです。家族を慈しみ、養うことができない者が、どうしてブッダや出家者たちを慈しみ、養うことができるでしょうか。またブッダや教団の僧たちに布施を行うには、自らの仕事を怠ることなく順調にこなす必要があります。家庭が調和し、そして仕事が上手くいってこそ、気持ちよく布施を行うことができるのです。

親を大切にすることも多くの経典でブッダが説いたことです。日本の浄土教に大きな影響を与えている『観無量寿経《かんむりょうじゅきょう》』というお経には、極楽への往生を願う者への教えとして「三福《さんぷく》」が説かれています。そのなかの一つに「孝養父母《きょうようぶも》」の教えがあります。これは親を尊び大切にすることであり、ブッダは極楽へ往生するための条件の一つに親孝行が必要だと考えていたのです。孝養父母、すなわち親孝行は、仏教のなかでとても大切な教えととらえることができます。法然もまた親孝行を果たした人物の一人でしょう。

現在の岡山県に生まれた法然は父の遺言をきっかけに出家しました。幼少期、法然の父である漆間時国《うるまのときくに》は地侍の夜討ちに遭い、深手を負いました。そして、その後、命を落とします。その臨終の際、父は法然に「仇を討つのではなく、父の菩提を弔い、仏の道を歩みなさい」と諭しました。この言葉に従い、法然は出家の道を選びました。そして、阿弥陀仏の教えに出会い、誰もが救われる専修念仏《せんじゅねんぶつ》の道を見いだします。法然が浄土宗を開いたことは、亡き父への最大の親孝行と言えるでしょう。

そして、法然は他者に向けても「自分が極楽往生を願い、念仏を唱えることができるのは、父母が育ててくれたお陰であると思いなさい」と説きました。これは自分が念仏を唱え極楽往生が可能となるのは、両親が自分を育ててくれたからこそであり、その恩に感謝する心を持つことが重要だということでしょう。このような親孝行の精神は、念仏生活を通じてこそ深めることができるのです。

さらに、家庭における配偶者や子供たちも親と同様に大切な存在です。家庭は家族それぞれの助け合いによって成り立つもの。冒頭の教えは、ブッダが在家信者の生活を念頭に説いたものであり、そのなかで結婚相手を大切にし、子供を慈しみ、家族を愛し、しっかりと守っていくことが幸せであると述べています。幸せは自分の遠くにあるのではなく、身近なものを大切にしていくなかで気がついていくものなのかもしれません。そして、自分にとって最も身近な存在である家族を大切にし、幸せを見いだしている人は心と体が安定していく。それが仕事への成功にも結び付いていきます。自分自身が安定することで職場の人間関係が安定し、職場が安定することで、仕事を通じて誰かの役に立つことができる。さらに役立ったことを自分の喜びとすることができれば、たくさんの人々が幸せのサイクルのなかで生きることができるはずです。

ブッダと法然のことばは、私たちがもっとも身近な人々を大切にすることで、それが実現されると教えてくれています。家族に感謝の言葉を伝え、大切に思う気持ちを形にしながら、穏やかな時間を過ごしていく。そこで感じる幸せは、きっとより大きな幸せに発展していくことでしょう。

2 自分のしたこと しなかったことを見よ

ブッダのことば
『ダンマパダ』第５０偈

他人が道理に逆らうのを見るな。他人がしたことも、しなかったことも見るな。自分のしたこと、しなかったことこそを見よ。

法然のことば
『つねに仰せられける御詞』

念仏を唱える人が十人いるとして、たとえそのうち九人までもが臨終に心が乱れて往生できないとしても、この私だけは必ず往生を遂げるのだと思い定めるべきです。

「人の振り見て、我が振り直せ」ということわざがあります。私たちは、他人の欠点や誤りにはすぐ気がつくのに、自分の欠点を自覚することや、犯した間違いに気がつくことには時間がかかるようです。いくら自分が正しいとしても、相手の欠点ばかりを指摘していては、良好な人間関係を維持することはできません。

よりよい人間関係を築いていくためには、他人のことを自分の鏡とする必要があります。それは、誰かが間違ったとき、その人を責める前に、自分自身もそういう間違いを犯したことがなかったかと省みるようにする、ということです。また人とぶつかったときには、互いに許し合って、それぞれ自分を変えていくことも大切です。それができれば、悪化した関係も改善されていきます。ただこういったことを実践するのはなかなか難しいことでもあります。

ブッダのことばにあるように、人間はいつの時代も他人の間違いが気になっていたようです。他人が道理に逆らった行いをしたことに気がつくと、あたかも世の中で自分が一番正しいかのようにふるまい、その人を謗り、欠点をあげつらう。あるいは陰でその人のことを非難する。一方で、非難された側もそれを聞いて怒り、反発する。こうなれば互いに誹謗中傷がエスカレートしていきます。ブッダは、これを愚かなことと考えました。だからこそ「他人がしたことも、しなかったことも見るな」ということばを述べたのです。もし他人が道理に反していることに気づいたとしても、そのことを指摘したり、欠点などをあげつらったりするのではなく、そのことを自分の身に置き換えてみて、自身を見つめ直すことが肝要です。言い換えれば、相手を改めようとするのではなく、自分自身を改めていくことが大切だということです。ブッダは他人と向き合う前に自分自身と向き合い、我が身の生き方を日々問い正しながら生活をしていくことを説示したのです。

法然は、念仏を唱える人が十人いるとして、たとえそのうち九人までもが臨終に心が乱れて往生できなかったとしても、この私だけは必ず往生を遂げるのだと思いなさいと弟子を諭しました。一見、他人の事、あるいは他人の往生については無関心で冷ややかな態度のように思えますが、他人に振り回されやすく、心乱れやすい私たちが極楽往生を遂げるためには、それほどの決意、覚悟が必要ということです。ただ煩悩にまみれた私たちが、生活のなかで他人の間違いを指摘しないで生きていくのは難しいことです。それでも他人のことをどうこう言う前に、自分自身と向き合ってみることが求められます。自分とうまく向き合えない人は、仏さまと向き合ってみるとよいでしょう。仏さまの穏やかなお顔を前にしたとき、自然と自分自身の間違いに気がつくことができます。そして、こんな自分をお見守りください、お願いしますと手を合わせたくなってきます。それは、私たちの煩悩まみれの心が清められていくということでもあります。

きっと法然も阿弥陀仏と向き合い、自分自身の至らなさを顧みて、仏さまを頼りにして生きていこうと願っていたのでしょう。その姿勢が専修念仏《せんじゅねんぶつ》という生き方に結びついていきました。誰の目も気にすることなく、自身の往生のためにひたすら南無阿弥陀仏と念仏を唱え続けたその生き方は、法然がそれによって救われると絶対的に確信したからこそ可能となったものでしょう。「あの人は往生できる」「あの人はできない」などということを問題にするのではなく、念仏を唱える自分こそが往生を果たすのだと信じて自分の行いに目を向けていく大切さを法然は説いたのです。日々ブッダと法然のことばと生き方を見習い、他人ではなく自分の行いを見つめながら生きていきましょう。

3

非難しない人も非難されない人もいない

ブッダのことば
『ダンマパダ』第２２７偈

アトゥラよ。これは今も昔も通じることである。世間の人々は黙って座っている人も非難するものであり、たくさん語る人も非難するものであり、端的に語る人も非難するものである。世の中で非難を浴びない人はいないのだ。

法然のことば
『鎌倉の二位の禅尼へ進ずる御返事』

お念仏を信じない人たちに出会っては論争したり、お念仏以外の行を修している、私たちと異なる理解の人たちに対し議論をしてはいけません。私たちと異なる理解や修行をしている人たちに出会った際に、むやみに侮ったり謗ったりしてもいけません。そんなことをすれば、かえって彼らは浄土の教えを非難し、それによって、ますます重罪の人にさせてしまうのは気の毒なことです。

人を非難することで、怒りが発散され一時的に気が晴れることがあります。しかし、非難された人は苦しみに打ちひしがれ、悩み、悲嘆に暮れることになります。現代では、特にSNS上での誹謗中傷が大きな社会問題となっています。面識のない人々が匿名で誹謗中傷を投稿し合うだけでなく、学校や職場、近所付き合いといった身近な場面でも、互いに批判し合う光景が見られます。その結果、学校ではいじめが起こり、職場では人間関係が悪化していきます。そのなかには転校や転職を考える人もいるはずです。またSNS上では、しばしば有名人や著名人が誹謗中傷され、そこから訴訟に発展するケースも少なくありません。

こうした現象は、古代から続く人間の本質的な性質に根ざしているのでしょう。革新的な教えを説いたブッダも、当時のインドでさまざまな信仰や考えを持つ人々から非難を受けました。しかし、ブッダはそれを冷静に受け止め、的確に応答し、多くの人々を教え導くことで、自身の教えに帰依する人々が増えていきました。これは、ブッダの精神の根底に「人間は自分の都合や考えによって他人を非難するものであり、この世に誰からも非難されない人など存在しない」という深い洞察があったからだと思われます。

『マッジマ・ニカーヤ』という経典のなかに、こうした人間の性質を示す逸話が記されています。ある金持ちの家にカーリーという働き者の召使いがいました。カーリーは「この家の主人はいつも温和に見えるが、怒りを感情に出さない人なのか、それとも怒りをそもそも持たない人なのか」と疑問に思い、わざと朝寝坊をしました。すると主人は怒りを露わにしてカーリーを謗《そし》り、その後も怒りはおさまらず、棒で彼女をたたき続けました。この逸話が示すように、たとえ温和に見える人であっても、怒りに突き動かされ相手を非難し、暴力をふるうことがあります。ブッダは、この主人のように都合の良いときだけ怒りを抑えるのではなく、どのような状況でも怒りを起こしてはならないと説いています。

法然もまた、他人を非難してはならないと説きます。法然が生きた鎌倉時代には、奈良の興福寺や京都の比叡山を中心とする伝統的な仏教教団が勢力を持っていました。そのなかで法然の「念仏を唱えれば誰もが極楽往生できる」という専修念仏《せんじゅねんぶつ》の教えは激しい非難を受けました。それでも法然は感情的になることなく、冷静に念仏の教えを説き続けました。そして、法然は他宗から専修念仏の教えが非難されても、相手を非難しませんでした。それどころか、人を非難することは重い罪を犯すことにつながり、相手も非難し返すことで互いに罪を重ねる結果になると弟子などを諫《いさ》めています。さらに、非難は相手の極楽往生の機会を奪う可能性があるため、法然が目指した「誰もが救われる教え」の本意から外

れる行為であると考えました。
このようなブッダと法然の教えは、人を非難せずにはいられない人間の罪深さの本質を見極め、怒りや非難が人間関係をより悪化させてしまうことを警告しています。これは現代の私たちにも通じる教えです。怒りや不満を感じたとき、他人を非難する前に冷静に考え直しましょう。他人を責めるのではなく、自分自身を省みること。それが仏教の教えが示す、人としての正しいあり方なのです。

4

愚者と自覚できる賢さ 愚者と自覚できない愚かさ

ブッダのことば

『ダンマパダ』第63偈

愚者が「愚かだ」と自覚するならば、その者は賢者である。一方、賢者であると思い上がる愚者のことを「そういう者こそ愚者である」と人は言う。

法然のことば

『七箇条の起請文』

私ほどの念仏者は他にいないと思うのは、間違っています。大驕慢の心なので、それをよりどころとして悪い縁が往生を妨げてしまいます。

人は他人と自分を比べて自分を過大に評価し、他人を軽視することでついつい慢心を起こしがちです。そうした経験は、誰にでも思い当たることがあるのではないでしょうか。『イソップ物語』のなかに登場する蛙の親子の寓話《ぐうわ》は、このような人間の心を象徴的に描いています。

ある日、子蛙が大きな牛を見て、その大きさを親蛙に伝えました。すると、親蛙は自分のお腹を膨らませ、体を牛の大きさに近づけようとします。しかし、どれだけ膨らませても牛の大きさを超えることはできません。それでも諦めずにお腹を膨らませ続けた親蛙は、ついには破裂してしまいました。親蛙には「自分より大きい者などいるはずがない」という驕《おご》りがあったのです。この寓話は、私たちもまた慢心に支配され、自分の限界を見誤ることで、最終的にその代償を自らに招いてしまうことを教えています。

仏教では、この慢心を人間の心に具わる根本的な煩悩と捉えています。慢心に打ち勝つためには、まず自分自身を見つめ直し、心のなかに潜む煩悩を自覚する必要があります。仏教の原点は、このように自己を見つめること、そして自分の弱さを知ることです。

約2500年前、ブッダは人生に苦悩を抱いて出家し、修行を重ねました。そのなかで、この世の苦しみの原因が人間の心に宿る煩悩にあることを発見します。そして、その煩悩を断ち切ることがさとりへの道であると説きました。ブッダは「愚者が『自分は愚かだ』と自覚するならば、その者は賢者である」と語っています。これは、煩悩に支配されているにも関わらず、自分を賢いと信じ込む驕慢《きょうまん》な者こそが真の愚者である、ということです。自己を省みない驕慢の心は、仏道を歩む上で最大の障害となるものです。

ブッダの教えを知って、それに従って生きていくなかで、修行者たちは自分自身に宿る煩悩の大きさや強さを実感することがあります。法然はまさにそれを深く感じた仏教者の一人で「自分は煩悩具足《ぼんのうぐそく》の凡夫である」と自覚し、驕慢の心を厳しく戒めました。冒頭に紹介したことばのなかで、法然は驕慢の心を抱える者は悪い縁に妨げられ、往生がかなわなくなると説いています。他者と自己を比べて生まれる心の驕りや高ぶりは、阿弥陀仏の本願から私たちを遠ざける原因となります。また法然は、阿弥陀仏の救いの本願を受け入れるためには、まず自分が愚者であるという自覚を深めることが必要であると教えています。愚者であることを認めることこそが、極楽往生への道を切り開く鍵だと説いたのです。

イソップ童話の親蛙のように、私たち誰もが慢心を抱えています。その慢心を自覚し、それに向き合うことで賢者への道が開かれていくとブッダは教えます。そして法然もまた自分の心を見つめ、愚者の自覚を深めることが極楽往生するために肝要であることを示し

ています。これらの言葉は、慢心に支配されがちな私たちに謙虚さと自己省察の重要性を教えてくれます。驕り高ぶる心を捨て、自らの煩悩を直視する勇気を持つことが、幸せへの第一歩です。

5 過ちを恥じる気持を忘れない

ブッダのことば

『ダンマパダ』第117偈

たとえ人が悪を犯したとしても、同じことを繰り返すべきではない。同じことをしたいと思うな。悪を重ねると苦しみをもたらす。

法然のことば

『十二箇条の問答』

悪事を止めるために、たとえ心に悪しき思いが浮かんできても、それを表に出すまいと自制するのは、至らぬ我が身を仏に恥じ入る心の表れです。

「悪い行い」をしないことは、仏道実践の基本です。また自分の過ちに気づいたときには、それを再び繰り返さないよう心がけることが大切です。悪いことの代表は十悪（①殺生《せっしょう》、②偸盗《ちゅうとう》、③邪婬《じゃいん》、④妄語《もうご》、⑤両舌《りょうぜつ》、⑥悪口《あっく》、⑦綺語《きご》、⑧貪欲《とんよく》、⑨瞋恚《しんに》、⑩邪見《じゃけん》）と呼ばれる十種類の行いです。日常の生活でブッダの教えを実践するとは、これらから離れることを心がけることです。しかし、私たちは日々の生活のなかで、知らず知らずのうちにこうした悪を犯してしまうことがあります。たとえば、生き物を殺したり、うそをついたり、怒りを起こしたりすることは、多くの人にとって経験があるはずです。人の過ちを目の当たりにしたとき、つい腹を立てたり、非難したりしてしまうのも、私たちの自然な感情です。しかし、その怒りや非難の気持ちが抑えられないと、暴力や悪口といった悪い行いとなり、さらに悪を重ねてしまうことになります。

ブッダは、たとえ過去に悪を犯してしまったとしても、それを再び繰り返すべきではないと説き、また他人が犯した悪を見て「自分も同じことをしてやろう」と考えてはならないと説きました。他人の行動を見て、自分の過去を振り返り、「自分もそのような行いをしていなかったか」と省みる。そしてこれからはそのような過ちを繰り返さないよう、自分を戒める姿勢が求められるのです。

このようにして過ちを再び繰り返さないためには、自分自身を「恥じる」ことが重要です。仏教では、この「恥」を「慚《ざん》」と「愧《き》」に分けて説明します。「慚」とは、自分の悪い行いを振り返って自らを恥じ入ることを指します。一方、「愧」とは、他人の悪い行いを見て恥ずかしい行為だと感じ、自分も同じ過ちをしないよう心がけることを意味します。この二つの「恥」が悪を断ち切るための基盤となるのです。

法然もまた、この「恥」の重要性を説いています。法然は、たとえ心に悪い思いが浮かんだとしても、それを実行に移さないよう自制することが、仏に対して恥じ入る心の表れであると述べています。恥じることは決して悪いことではありません。それはむしろ、自分自身の愚かさ、すなわち凡夫であることを深く自覚するために必要な心の働きです。

悪いことをしたときに、恥とともに重要なのは懺悔《さんげ》することです。この懺悔は日常的に読まれるお経にも「懺悔偈《さんげげ》」や「懺悔文《さんげもん》」として組み入れられています。懺悔の要点の一つは、自分のした悪い行為を言葉にして告げることにあります。仏教では、出家者が律という教団運営のルールを守って共同生活をします。律は学校で学生が守る校則のようなものです。校則を守ることで学内の風紀が保たれ、学校のブランド力が向上します。戒律も同様で、出家者がこれを守って生活をすることで、さとりを目指すのにふさわしい環境が整い、また在家信者の方々が布施をしたいと思うようになります。しかし、校則違反をする人が出るように、戒律違反をする出家者も当然います。また校則に退学や停学、あるいは反省文の提出など罰則や反省の方法が定められているのと同様に、戒律にも罰則や反省方法が示されています。特定の戒律に違反をすると教団から追放されることもありますが、基本的には自分の罪を仲間の出家者に告白することが反省方法の基本であり、これを懺悔といいます。「懺悔偈」はこの懺悔＝告白が経文になったものです。

いずれにしても、日々自分の行いを振り返り、悪い行いを仏に対して恥じることが仏道修行において大切であり、また念仏実践にとっては自分のいたらなさを認めることが第一歩となります。これを「凡夫の自覚」といいます。ブッダの教えにしたがって「悪い行い」を繰り返さない努力を続けることで心を清め、晴れ晴れとした気持ちで毎日を過ごしていきましょう。

6 我が子を守るように慈しむ

ブッダのことば
『スッタニパータ』第149偈

たとえば、母親がひとりしかいない我が子を命懸けで守ろうとするのと同じように、生あるものすべてに無量の慈悲の心を起こしなさい。

法然のことば
『念仏往生義』

たとえば両親は慈悲の心で、善い子でも悪い子でも育て上げますが、善い子を見ては喜び、悪い子を見ては悲しむようなものです。

ブッダの眼には、母親は慈しみ深い存在として映っていたようです。母は我が子を産み、まるで自分の分身のように思いながら愛情を注ぎ、養い育てていきます。成長を見守るなかで、子どもの身振り手振りに目を凝らし、片時も目を離さず、その声を聞き逃さないように耳を傾けます。我が子の思いを汲み取ろうと心を尽くし、泣き声が聞こえれば夜中でも目を覚まし、災難が降りかかれば自分を犠牲にしてでも守ろうとします。そして、子どもが母親のその深い愛情に触れるとき、母と子は共に幸せを感じ取るのです。

ブッダは釈迦族の王子として誕生しましたが、生まれて間もなく実母を亡くしています。その後、ブッダは父の再婚相手である義母に育てられました。この義母はブッダの実母の妹、すなわち叔母にあたります。このような背景から、ブッダにとって「母親」とは産みの母だけでなく、育ての母も含まれるものであったと考えられます。

ブッダのことばにあるように、母親が我が子に向ける愛情は「慈悲」として捉えられ、それをすべての生きとし生けるものに向けるべきだと説かれます。私たちは人の命を尊ぶ気持ちを具えています。近年では、ペットとして飼う動物にも家族同然の愛情を注ぐことが多くなっています。しかし、ペット以外の生き物に対してはどうでしょうか。ブッダは「生あるものすべてに無量の慈悲の心を起こしなさい」と語り、命への平等な慈しみを促しました。

現代の私たちは、日常生活のなかで多くの生き物を食用として犠牲にしています。生きた姿の動物を見ると可愛く思ったりもしますが、形を変えて食卓に並ぶと、その命が犠牲にされたことについて意識することが少なくなります。また、ゴキブリやねずみなど暮らしに不都合をもたらす生き物を、容赦なく殺してしまうこともあります。このように命への慈しみが限定的であることは、私たち人間の限界を示しているのかもしれません。

ブッダの時代、出家者たちには「雨安居《うあんご》」という習慣がありました。雨季には托鉢《たくはつ》を控え、寺に籠もって勉学や修行に励むこの習慣が生まれた理由の一つは、雨によって虫が活発に動くため、生き物を誤って踏み殺してしまうことを防ぐためといわれます。このように、出家者たちは生き物を傷つけないよう細心の注意を払い、慈悲の実践に努めていました。この姿勢は現代の私たちにとっても、理想的なあり方といえるでしょう。

ブッダはこのような慈悲を完成させた存在です。さらに、法然が帰依した阿弥陀仏も、無限であり、無量の慈悲を具えています。阿弥陀仏はすべての衆生を救うために法蔵菩薩《ほうぞうぼさつ》として長い修行を経て、厳しい菩薩道を成就しました。そして、今もなお西方《さいほう》極楽浄土において救済活動を続けています。法然のことばによれば、阿弥陀仏は私たちの礼拝する姿を見逃さず、仏の名号を唱える声を聞き逃さず、仏を念じる心を必ず汲み取ってくれる仏さまです。

この阿弥陀仏の「必ず衆生を救いたい」と思う無量の慈悲と、私たちの「救われたい」と念じる心が呼応したとき、救いの働きが発動します。だからこそ、悩みや苦しみを抱える私たちでも、念仏を唱えることで阿弥陀仏の慈悲に触れ、心穏やかに過ごすことができるのです。

自分の心に余裕が生まれると、私たちも生きとし生けるものに対して憐れみやいたわりの気持ちを抱けるようになるはずです。ブッダの教えと法然が信じた阿弥陀仏の無量の慈悲を学びながら、慈しみの心を広げ、より良い世界の実現に向けて努力を続けていきたいものです。

7 誰かに寄り添える者に私はなりたい

ブッダのことば
『スッタニパータ』第143偈

誰かのためによく為す人によって為されるべきことは、以下の通りである。その人は寂静《じゃくじょう》の境地を体感しつつ、修行に耐えられて、実直であり、真摯《しんし》であり、言葉遣いが優しく、物腰がやわらかで、謙虚でなくてはならない。

法然のことば
『往生浄土用心』

仏と衆生《しゅじょう》が親子のようになるのですから、親縁《しんえん》と名付けるのです。

宮沢賢治は「雨ニモマケズ」という詩のなかで「雨ニモマケズ　風ニモマケズ　雪ニモ夏ノ暑サニモマケヌ　丈夫ナカラダヲモチ慾《よく》ハナク　決シテ瞋《いか》ラズ　イツモシヅカニワラッテヰル…」とつづっています。ここには賢治の理想的な人間観が表れています。理想の人間とは欲がなく、決して怒ることなく、いつも静かに笑っていて、またあらゆる事を自分の勘定に入れず、ものごとをよく見聞きして理解し、そして忘れずにいるような人です。賢治は熱心な仏教徒であり、その理想が冒頭に紹介したブッダのことばと重なるのは必然なのかもしれません。

ブッダは時に優しくこの世の人びとに寄り添い、時に厳しく弟子たちを指導し、多くの者たちを救おうと働きかけながら活動しました。そのような生き方は慈悲として仏道精神の根本となっています。ひらたくいえば、ブッダは自分には厳しく真摯《しんし》に道を求め、そして他人にはやさしく微笑みをもって教えを説いたということもできましょう。

一方で、みなさんもそれぞれの日常生活のなかで、人のために何かをしたり、自分の時間を犠牲にして誰かのために尽くしたりすることがあるはずです。たとえば通学や通勤途中で席を譲ったり、何かに困っている人に物腰をやわらく、やさしく声をかけて助けたりする。気持ちや時間に余裕があれば、誰もがそうしたいと思うはずですし、実際に行動に移すことも可能です。しかし、そうでないときはどうでしょうか。気持ちに余裕がなくイライラしているときや、急いでいて時間がないとき、ひどく疲れているときに、人に優しくできるでしょうか。たとえば遅刻してはいけない入学試験当日であれば、困っている人がいても私たちはその場を素通りしてしまうことでしょう。大事な商談に向かう途中に誰かの悲鳴を聞いても、きっと誰かが助けてくれるはずと思い込んで、訪問先に急ぐのを責めることはできません。私たちは自分の都合を第一に行動し、人に寄り添いたいと願っていても、それをいつでも形にすることができるとは限らないのです。しかし、私たちが理想とするブッダは違います。和顔愛語《わげんあいご》、すなわち穏やかな表情と優しい言葉を用いて人々を導き、それゆえにブッダと出会った多くの人が魅了されていきました。

法然が深く帰依をした阿弥陀仏も同様です。法然は善導大師《ぜんどうだいし》という中国の僧侶の書物を紐解きながら、私たちとこの仏の関係を親子ようなものとして捉えています。親は子どものことを良く見ているものです。我が子が初めて言葉を話したときにはそれを聞いて喜び、立ち上がり歩いたときにはそれを見て嬉しくなり、子どもが自分たちを思って絵を描いてくれたりプレゼントをくれたりすると、その思いに胸が熱くなります。阿弥陀仏はこの親のような心で私たちを見守っていて、手を合わせればその姿を見て、念仏を唱えればその声を聞いて、「阿弥陀さまどうか助けてください」と心に念じるとその思いをくみ取ってくれます。私たちと阿弥陀さまが結んでいるこの縁を「親縁《しんえん》」といい、阿弥陀さまは私たちにとって親のように親しい存在と法然は考えました。

ブッダや阿弥陀さまのような慈悲の思いを、誰にでも向けて生きていくことが仏教の究極の理想であり、私たちの目指す生き方でもあります。しかし、実際には難しい。それでもあきらめてはいけません。まずはできるところからやっていく。家族を大切にし、友人や職場の仲間に寄り添っていく。上から目線ではなく、笑顔と穏やかな言葉で人と接していく。それを続けるなかで、だんだんと優しい心が育っていき、より多くの人に寄り添うことが可能となるはずです。誰かに寄り添える自分に、みんなでなっていきましょう。

8 大いなる布施の功徳

ブッダのことば

『ダンマパダ』第359偈

種々の耕作地は雑草で荒らされ、この世の人々は欲望に苛まれている。それゆえ、欲望を断ち切った者たちに布施《ふせ》を行うことは大いなる功徳となる。

法然のことば

『一百四十五箇条問答』

信者から食事の施しを受けるのは罪になりますか。

お答えします。お勤めをしてから、食事をいただけば、罪にはなりません。しなければ深い罪となります。

ブッダの時代、インドではすでに農業が行われていました。農夫たちは畑を耕し、雑草を抜いて、作物を育てていたのでしょう。ブッダはそのような農作業を眺めたり、時に農民と対話したりしたようです。そのなかで、農民たちが畑を耕すことと、出家修行者が自分の心を整えることの類似性を感じたようです。農民との対話のなかでは、農作業を喩えに用いながら教えを説いています。

冒頭で紹介したブッダのことばもその一つです。雑草が生えた田んぼや耕作が放棄された畑では作物が育たないように、人の心に欲望が根付いていると善行とそれによってもたらされる善い結果が生まれることはありません。それゆえ、ブッダは苦しむ人々に心に生える雑草である煩悩を抜き取るように促し、そうすればさまざまな善い結果を得ることができることを示しました。そして、心から煩悩を抜き取った修行者に、施しをすることには大きな功徳があると説いています。

ここで説かれている布施は仏道修行の基本です。広く知られる仏道実践である六波羅蜜《ろっぱらみつ》も第一に布施波羅蜜を説いています。布施は自分が所有している物を人に与え、あるいは人のためになることを提供する修行であり、これは出家者にも在家信者にも求められてきました。このうち在家者には財施の実践が勧められます。財施とは財産を施すことですが、財産とは金銭だけではなく、食事や衣などさまざまな物を出家者に施し与えることです。欲望を断ち切ろうと努力する出家者や、欲望を断ち切ったブッダは、財施の受け取り手として相応しい存在であり、彼らに布施をすると大きな功徳が生まれます。それゆえブッダがひきいた教団を福田《ふくでん》といいます。よく耕された田に一粒の米を植えると、稲穂が育ち、植えた以上の米を得ることができます。教団に対する布施もこれと同様です。教団がよく耕された田であり、そこに布施をすることは種を蒔くことであり、それが実ってより多くの福徳という結果を得ることができます。これをもってブッダは、欲望を断ち切った者たちに布施を行うことは大いなる功徳になると述べているのです。

法然も布施を受け取ることを大事にしたようです。当時の名高い高僧であり、公家にも武士にも支援者がいた法然は、たくさんの布施を受けたことでしょう。そのなかには食事の提供もあったはずです。そういった信者からの食事の提供について、お勤めをしてから手をつけるべきで、そうでなければ罪になるといっています。仏教の説くさとりの境地に阿羅漢《あらかん》があります。この阿羅漢はアルハットという梵語《ぼんご》の音を漢字で写したもので、意味は「供養を受けるに相応しい者」となります。法然もこれを十分に理解していたのでしょう。布施を受けるに相応しいのは煩悩を断じた聖者ですが、そうなっていない修行者であっても福田として布施を受けなければいけない。そのために仏に祈りを捧げるなどの勤めを果たしてから、食事を受けるようにと答えていると考えられます。

私たちにとってもこれは無関係ではありません。積極的に人に物を施す布施行を自分で実践することは、ブッダの言う通り大きな功徳があります。それと同時に、自分自身が相手の好意を素直に受け取ることも大切です。もしかしたら、人に何かをしてあげるよりも、人の好意にあずかることの方が難しいかもしれません。もちろん知人からの好意であれば喜んで受け取ることでしょうが、見知らぬ人からの好意については怪しいといぶかしんだり、「大丈夫です」といって断ってしまうこともあるでしょう。自身が施す側になって自らの心を耕し功徳を積むとともに、自分自身も布施の受け手となって誰かの良い行いをサポートする。与えることと与えられることの二つを大切にすることで、心が整っていくのです。

9 善き友　善き師　幸せへの道

ブッダのことば

『スッタニパータ』第259偈

諸々の愚者たちと交わらないこと、諸々の賢者たちと交わること、尊崇すべき方々を尊崇すること、これが最高の幸福である。

法然のことば

『常州敬仏房との問答』

私、法然は明遍《みょうへん》の兄、遊蓮房円照《ゆうれんぼうえんしょう》がいたからこそ念仏の行者となったのです。

友人は私たちにとって大事な存在です。「善悪は友を見よ」「類は友を呼ぶ」などということわざもあり、友人関係が私たちの考え方や行動に大きな影響を与えることを示しています。私たちは日々、身近な友人や仲間と多くの時間を共にし、そのなかで自然と互いに影響を与え合っています。その結果、考え方や価値観、行動が似通っていくことがあります。これは、私たちがどのような人と交わるかによって、人生の方向性が決定づけられることがあるという教訓を与えてくれます。

ブッダは、「愚者と交わることなく、賢者と交わり、尊崇すべき人を尊崇することが、最高の幸福である」と説きました。この教えは、友人や仲間との関係が私たちの人生においてどれほど重要かを端的に表します。愚かな人々との交際は、私たちの心を混乱させ、誤った道へと進む原因となります。それに対して、賢い人や尊敬すべき人々との交流は、正しい生き方や価値観を学ぶ機会となり、私たちの心を清らかにし、それによって人生がより良い方向へと向かっていくのです。

特に、志を共にする善き友との出会いは、人生に大きな影響を与えるものです。仏教の教えでは、このような友を「善知識《ぜんちしき》」と呼びます。善知識は、私たちにブッダの教えを示し、仏道へといざなってくれる存在です。ブッダは時に「サイの角のように独り歩め」と一人での修行を勧めることもありますが、一方でサンガと呼ばれる仏教教団はたくさんの出家者の集まりです。そのなかには師匠がいて、同輩や後輩もいる。自分を導く指導者に従い、共に歩む友人と励まし合いながら、さとりを目指すのが出家生活です。

法然も人との出会いを大切にし、共に念仏を唱える仲間と共同生活をしていたようです。念仏に出会う前の法然は、比叡山での厳しい修行生活のなかで「誰もが救われる道」を模索し続けました。それは、膨大な経典を読みながら行われる孤独な作業でした。その努力の結果、法然は専修念仏《せんじゅねんぶつ》の教えを見いだしました。そして、法然は求めた教えと出会った喜びを共に分かち合える仲間を探しました。そこで出会ったのが遊蓮房円照《ゆうれんぼうえんしょう》です。

円照は、法然が念仏信仰を深める上で重要な役割を果たした人物です。彼は念仏行者として知られ、念仏の教えを実践しようと比叡山を下りた法然は、京都の広谷《ひろだに》という所に住んでいた円照に逢いに行きます。そして、しばらくの間、共に念仏を大切にしながら日々を過ごしました。これは法然の人生にとってとても大きな出来事でした。それはその日々を振り返って述べた「私、法然は明遍《みょうへん》の兄、遊蓮房円照がいたからこそ念仏の行者となったのです」という言葉から知ることができます。法然が専修念仏の道を確信し、多くの人々に教えを広める力を得た背景には、志を同じくする友との深い絆があったのです。法然と円照の出会いは、まさにブッダの説いた言葉が実現されている一例でしょう。そして法然は実際に大きな力を得ました。

愚者と交わらず、賢い人と交友し、信頼できる友人と共に過ごすということは、私たちの人生にとっても大切なことです。日々の暮らしのなかで、私たちはさまざまな人々と関わりながら生きています。そのなかには、ウマの合わない人もいれば、苦手な人もいるはずです。一方で、尊敬できる人や信頼できる人もいる。そういった大勢の関係者のなかで、深く付き合う相手を慎重に選び、そういった人と互いに成長を促し合う関係を築くことが、幸せな人生を送るための鍵となるはずです。また自分自身も誰かにとっての善き友となれるよう心掛け、良い影響を与えられる存在であることを目指すべきです。

友人や仲間との関係を通じて、私たちは多くを学び、支え合いながら人生を歩みます。そのなかで正しい道を見つけ、幸福になることができます。ブッダと法然の教えに学びながら、善き友を大切にしてよりよい人生を築いていきたいものです。

10 仏もまた同志を求める

ブッダのことば
『聖求経』

私はいったい誰に最初に法を説くのがよいであろうか。誰がこの法をすみやかに、よく理解するであろうか。

法然のことば
『要義問答』

自分自身は罪深い人間で、一人だけでは浄土往生の修行を完成させることは難しいけれども、どんなことがあっても良き仲間を頼りにすることで、間違いなく修行することができるのである。

たとえば、ケガや病気の痛みに苦しんでいる人がいるとしましょう。私たちはその人を心配し、寄り添おうとしますが、その人の痛みを自分の痛みとして感じることはできません。その痛みは、その人だけにしかわからないものです。同じように、何かすばらしい経験をして喜んでいる人がいるとしましょう。私たちはその人を祝福し、その喜びを分かち合おうとしますが、その喜びをそのまま自分のものとして感じることはできません。

ブッダは自らの修行の結果、さとりの境地に達しました。さとりを開いたばかりのブッダは、その境地の素晴らしさは自分にしかわからないと感じたようです。たとえその境地を人々に説いたとしても、理解できる者はいなく、それゆえ教えを説くことは徒労になると思ったようです。それを見てあせったのが梵天《ぼんてん》という神様です。この神様はブッダに「教えを理解してくれる能力を持つ者が必ずいるはずだ」といって説法を勧めました。これを聞いたブッダは梵天の思いを受け入れ、説法の旅に出る決意をしました。そこで「私はいったい誰に最初に法を説くのがよいであろうか。誰がこの法をすみやかに、よく理解するであろうか」と考えます。ブッダは、自身が感じたさとりの喜びを誰と分かち合い、またどのような人々を導くかを思案したのです。

そして、ブッダは共に修行をした五人の仲間のことを思い出します。彼らならきっと私のさとりを理解してくれるはずだと確信し、その修行場所へと歩みだしました。実際にブッダの教えを聞いたその仲間たちはさとりの境地に到達します。ブッダはこれを喜びました。それは仲間がさとったということだけではなく、自分にとっての同志ができたということによるのでしょう。これ以降、ブッダは自分の教えを理解できる者たちに法を説き始め、人々と共に歩む道を選びました。

念仏の教えを広めようとした法然は、たびたび批判を受けました。いまでこそその教えは世の中にひろく受け入れられていますが、法然が教えを説いていた当時は、弟子が処刑されるほどの事態がおこり、法然も指導者として還俗《げんぞく》をさせられるなど、多くの苦難を経験したのです。そういった厳しい環境のなかで、志を同じくし、共に念仏を唱えることのできる人は大切な仲間だったのでしょう。それを大切にすべきだという思いが、冒頭に紹介した法然のことばに表れています。

私たちの暮らしのなかで、同志というべき人物との出会うことはなかなか難しいかもしれません。しかし、もしもそういった人に出会えたならば、ぜひその関係を大切にしてください。共に喜び、共に悲しみ、お互いを敬いあいながら生きていくことのできる仲間がいれば、痛みや喜びを直接共有できない私たちであっても、仲間と分かち合うことで喜び

は大きくなり、悲しみは小さくなります。
ブッダも法然も、自らのさとりや信仰を通じて自分が幸せを得るのみならず、人々が真の幸せを得ることを願いました。そして、その願いを実現するためには、共に歩む仲間の存在が不可欠であることも理解していました。現代を生きる私たちも、他者を理解し、そのなかで苦しみや喜びを分かち合う仲間をみつけ、助け合いながら共に生きていくなかで、より大きな幸せが実現されるはずです。

〈第四章〉

よりよく生きる

春本龍彬

1 死ぬまで善く生きよ

ブッダのことば
『ダンマパダ』第53偈

山と積んだ花からは首飾りをたくさん作れるように、生まれたからには死に至るまで、善いことをたくさん行うがよい。

法然のことば
『十二箇条の問答』

遇いがたい仏さまの教えに出会えたのだから、今、迷いの世界を離れ出る善行を修めずして、いったいいつその機会を期すべきかと思いなさい。

日常的に「たくさん善いことをしよう」と心がけながら生活していますか。そのような心がけを持ちながら、日々の生活を送られている方はあまり多くないのではないかと思われます。もし、そういった心がけを持っていたとしても、実際に行動へ移している方はどれほどいるでしょう。それどころか、悲しいかな、ふとした瞬間に私たちはたくさんの悪いことをしてしまっていると考えられます。ここでいう悪いこととは、必ずしも法律的に悪いことではありません。仏教が説く悪には言葉によって他人を誑《たぶら》かす「妄語《もうご》」、争いや仲違いさせる発言をする「両舌《りょうぜつ》」、汚く罵《ののし》って他者を悩ます「悪口《あっく》」、飾り立てた言葉で道理に乖《そむ》く「綺語《きご》」、貪って満足することがない「貪欲《とんよく》」、心に逆らうことについて忿怒を生じる「瞋恚《しんに》」、正しい因果を否定する「邪見《じゃけん》」などがあります。実際にこれらが行われている様子を、よく目にしたり、耳にしたりするところですよね。

仏典には、何かと至らない私たちとは対照的な人物についての物語がいくつか確認できます。その内の一つが、ヴィサーカーという女性に関するものです。伝承によれば、ヴィサーカーは嫁いだ先の義父と反りが合わず、さまざまな困難に直面したそうです。しかし、そのようななかでも、ヴィサーカーはたくさん善いことをしたいという願いを保ち、それに応じた行動を取り続けたため、最終的にはその願いが成し遂げられ、善い結果が得られたと伝えられています。実は『ダンマパダ』第53偈は、彼女を讃えて説かれたものとされます。そのため、このブッダのことばは、前半部分に花の首飾を作成する比喩も挙げられますが、肝は後半部分にあるといえます。ブッダが、私たちへ「最後の瞬間まで善いことをたくさん行って生きていくのがよろしい」と教えているのが『ダンマパダ』第53偈と受け止めてよさそうです。

そして、法然も同様の言葉を残しています。この言葉は、法然がある人から「念仏を唱えている人は、日頃どのような思いでいるべきか」という質問をされた際、それに対して回答したものの一部分にあたります。これによると、「生きている間に、とにかく善いことを行っておくのが大切と思いなさい」と勧められているのがよく分かります。さらにいえば、そもそもこの言葉は、念仏を唱えている人の心構えを問われた時に、法然が回答したものです。ですから法然のなかでは、たくさんの善いこと＝たくさんの念仏という解釈になりますが、それを実際に行っていくようにという意味を含めたものであると理解して差し支えありません。いずれにしても法然もブッダと同じように、できるだけ善いことをたくさん行っていくべきだという考えを持ち、そういった考えに基づいて、教えを述べていると見なせます。

悪いことを積み重ねて生きることと、善いことを積み重ねて生きることとでは、どちらが理に適っているか明白でしょう。なお、積み重ねていきたい善いこととは、具体的に何かといえば、身近なところでは前述した悪いことの対になるようなもの（不妄語、不両舌、不悪口、不綺語、不貪欲、不瞋恚、不邪見）などが挙げられます。加えて、『観無量寿経《かんむりょうじゅきょう》』などのお経を参考にすれば、父と母に孝行する（孝養父母《きょうようぶも》）、目上の方に仕える（奉事師長《ぶじしちょう》）なども候補になるでしょう。また、浄土宗の立場からすれば、「南無阿弥陀仏」と唱える称名念仏が絶対的なお勧めとなります。善いことにも多くの種類があります。自身に実践可能な善いことは何か、試行錯誤しながら取り組んでいくのも、一興と捉えてもらえれば幸いです。

2 今日一日を生きる

ブッダのことば
『ダンマパダ』第１１２偈

なまけて無気力に百年生きるよりも、しっかりと気力にあふれて頑張る人が一日生きる方が勝れている。

法然のことば
『つねに仰せられける御詞』

善導大師が『法事讃《ほうじさん》』で「七日七晩、絶やす心なく念仏を唱えよ」とおっしゃっているのは、「明日かもしれない往生の一大事を逃してしまわないように、今日の一日を励もう」との思いでお念仏を唱えなさいということです。

目標を決めて、継続的に物事に取り組んでいると、「今日は気分が乗らないな」などと感じ、時にはダラダラと過ごしてしまうこともあるでしょう。「そうした経験は今までにない」と胸を張って言われる方も、この本をお読みの方々のなかにはいらっしゃるかもしれませんが、それは本当に限られた極一部の方になるに違いありません。そして、もしそのように言われる方がいらっしゃったとしても、その方がこの先もずっと未来永劫にわたって、同じような状況で居続けられるかは非常に微妙なところではないでしょうか。こうした事情を踏まえれば、私たちはついつい怠けてしまう存在であると考えられます。また、私たちがそういった存在であるからこそ、何かを成し遂げるために、深く心に刻み込んでおくべき教えがあるはずです。

『ダンマパダ』第112偈は、サッパ・ダーサと呼ばれた者のエピソードとあわせて説き示されたと伝えられております。サッパ・ダーサは出家をしておりましたが、なかなか修行が進まないことに不満を抱いたのでしょうか、ある時、イライラしてしまったそうです。そこで、自ら命を絶とうとして、毒蛇に自身をかませようとしたものの、毒蛇がサッパ・ダーサをかまなかったので、人生を終わりにできなかったとされます。ただし、それでもサッパ・ダーサはあきらめず、続いてカミソリで自身の首を切って自ら命を絶とうとしました。ところが、カミソリを自身の首に当てて、ついに首を切って自ら命を絶とうとした時、「最後に…」と思ったのでしょう、過去の修行を振り返ったそうで、何とその結果、さとりを開いたと言われています。このエピソードが第112偈とあわせて紹介されたのは「とにかく真摯《しんし》に物事に取り組みながら日々の生活を送るのが大切である」という真理を強く訴えるためではなかったかと考えられます。そもそも、どうしてサッパ・ダーサが最終的にさとりを開いたのかを整理してみれば、その根本的な原因は、彼がイライラしてしまったきっかけにまで遡れ、それは毎日ひたむきに修行に打ち込んでいたからであると捉えられます。

さらに、第112偈の内容と軌を一にするような法然のことばもあります。法然は、中国の唐の時代に活躍した僧侶である善導の著作『法事讃《ほうじさん》』の一節と関連して、まずは目の前の一日を「南無阿弥陀仏」と念仏を唱えることに励んで過ごすべきであるという考えを述べています。これは法然が今日という日を大事にして、一生懸命物事に取り組む生活をするのが重要であるという教えを示していたと見なして差し支えないでしょう。しかも、この法然のことばは、『つねに仰せられける御詞』と題して受け継がれているので、そういった教えを、法然は日常的に繰り返し説いていたと推定して間違いなさそうです。真理は常に変わらないと申しましょうか、ブッダと法然は全く異なる時代、異なる場所で生きていたにもかかわらず、こうした状況が確認できるのは非常に面白いですね。

まだ目標がない方は、目標を定めるところからになると言えそうですが、目標がある方は、すでに定めた目標を達成するため、現在さまざまな取り組みを行っているかと思います。そのようななかで、ブッダも法然も「しっかりと今日一日を生きるのがすばらしい」と教えていることを知っておくのが良さそうです。そうすることで、たとえ怠け心が起こってしまったとしても、それが一つの指南となって、何とか私たちは前に進めるのでしょう。なお、浄土宗では、阿弥陀仏がいる極楽浄土への往生が目標になりますから、浄土宗の方はそれを成し遂げるべく、一日一日できるかぎり念仏を唱えているはずです。しかし、そのような日々において、「今日は、念仏を唱えなくてもいいか」と考えてしまう時もあるかもしれません。その際には是非とも思い返してください。精進して生きる一日には価値があるのだという真理を。

3

さとった方々が過ごす場所は心地良い

ブッダのことば
『ダンマパダ』第98偈

村であっても林であっても低地であっても高地であっても、さとりを得た方々が過ごしている、そういう場所は居心地が良い。

法然のことば
『大胡の太郎実秀が妻室のもとへつかわす御返事』

お念仏の教えを信じる人は、浄土に往生して量り知れないほどの幸せを受けることになるでしょう。

居心地が良いと感じる場所でも、一瞬で居心地が悪いと感じる場所に変わってしまうことがあります。例えば、飲食店にいることを想像してみてください。そこにいる人たちは穏やかに会話し、笑顔が絶えず、とても良い雰囲気で、楽しい時間が流れています。それは居心地が良いものです。しかし、新しいお客さんたちが入ってきて、そのお客さんたちが言い争いをはじめ、ものすごい剣幕で怒り、ただならぬ空気が漂ったらどうでしょう。その場所は同じ場所であるにもかかわらず、居心地が良いとは感じられない、むしろ居心地が悪い場所になってしまうはずです。このような事情を踏まえると、ある場所が居心地の良い場所であるか、はたまた居心地の悪い場所であるかは、その場所にいる人が発する言葉や取る行動などによるものであり、根本的には、その場所にいる者の品格によって決まるといっても過言ではなさそうです。

そうしたことは、ブッダも諭しているところです。ブッダは、かの有名な祇園精舎《ぎおんしょうじゃ》において、下記のような話をしたと伝えられております。シャーリプトラ（ブッダの弟子のなかでも中心的な人物）の弟であるレーヴァタは、最初、親の意向もあって出家していませんでした。しかし、ある時、出家しました。出家から何日か経ち、レーヴァタはトゲのあるアカシヤの木が茂る林のなかで修行をしていました。そこに、シャーリプトラを含めた何人かの出家者がやってきました。訪問の後、ヴィサーカーという女性の信者が、レーヴァタの居た場所に関して、何人かの出家者に質問をしました。そうすると、訪問の際に不平を抱いたある出家者は「楽しい場所ではない」と回答しました。一方で、ある出家者からは「楽しい場所である」との回答を得たそうです。そして、ブッダによって説かれたのが『ダンマパダ』第98偈であったとされます。ブッダは、どんな場所であろうとも、その場所に居る者がすばらしい者であれば、そこは楽しさを感じる素敵な場所になる（逆もしかり）と説いたと理解できます。いいかえると、ブッダは居心地の良い場所とそうではない場所との違いが、そこにいる者の人柄に左右されると捉えていたと見て間違いありません。

また、法然も提示したような言葉を残しています。それによると、私たちは、一心に念仏を唱えさえすれば、阿弥陀仏の救いの働きによって、極楽浄土へ往生でき、そこで苦しみと対照的な、際限のない楽しみを味わえるとのことです。それでは、なぜ法然は私たちが極楽浄土で際限のない楽しみを味わえると言っているのでしょうか。その点は、提示した言葉に詳しい説明がありませんが、ひょっとしたら極楽浄土には阿弥陀仏がいらっしゃり、さらに観音菩薩、勢至菩薩《せいしぼさつ》をはじめとする菩薩たちが存在するからという理由を想定されていたのかもしれません。もしそうであるならば、法然のことばはブッダのことばと符号してくるでしょう。

　私たちは、できたらいつも居心地の良い場所にいたいと思っています。それを実現するためには、常に人格者のような立派な方々が集まる場所に身を置く必要があるのでしょう。ちなみに、極楽浄土は常に立派な方々が集まっている場所です。したがって、そこへ往生することは、いつも居心地の良い場所で過ごせるようになることと同等と考えられます。極楽浄土への往生を目指し、念仏を唱え、日々を送るのが浄土宗の教え。みなさんも念仏に励んでみてはいかがでしょうか。

4 適当な行いが幸福をも呼ぶ

ブッダのことば

『スッタニパータ』第260偈

暮らしやすい場所に住み、これまでに善い行いを重ねて、自ら正しい目標を持っていること—これが最高の幸福である。

法然のことば

『ある人のもとへつかわす御消息』

末法の時代の衆生にとって、お念仏を唱えることはこの世を幸せに生きていくための祈りともなり、まして後生の往生は念仏のほかでは叶うことはないのです。

私たちは物事が良い状態となるように、何かをすることがあるかと思います。例えば、これまでに、所属する団体や組織などが隆盛、あるいは繁栄するために、事業を継続する、もしくは新しい事業を展開するといった活動に取り組んだ経験はないでしょうか。または、企画を成功させるべく、入念に事前の準備をしたり、一生懸命に実施をしたりした経験はありませんか。この本をお読みの大多数の方が、おそらく過去にそういったことを行ってきているはずです。今のところ「それはないよ」とおっしゃるような方も、これからの人生のなかで、一度くらいはそうした機会があると考えてもらって大きな間違いはないはずです。このように、物事が良い状態となるように、何かをすることは、私たちにとってとても身近なものだと言っても過言ではないでしょう。

ブッダは物事が良い状態になるように、何をするのが良いか、『スッタニパータ』第260偈のように諭したと伝わっております。この偈文は、註釈書によると、インドで「吉祥《きっしょう》とは何か」という議論が起こり、なかなか収拾がつかなかったので、ある神様が祇園精舎にいたブッダに質問したところ、ブッダが回答した内容と受け止められます。それには、①暮らしやすい場所に住む、②これまでに善い行いを重ねる、③自ら正しい目標を持っているという三つの行動指針が示されています。それぞれの詳細は、これまた註釈書を踏まえれば、①がさまざまな利益へと結びつく環境の広がっているところに住むこと、②がともかく福徳を積むこと、③が改めて姿勢を正すことなどになります。こうした3つの行動指針は、私たちが、物事が良い状態となるように、実践するべきものの具体例であると見て差し支えないでしょう。また、偈文の最後に「これが最高の幸福である」とあるように、それらの実践が、幸せとつながっていると理解されるのも重要な点です。

そして法然は、当該の御法語のように述べました。提示した御法語が、誰に対するものなのかは不明であるものの、内容からして、さまざまな葛藤や不安を抱いていた方であったのではないかと推測されます。この御法語には、私たちができるだけ幸せに生きることを成し遂げていく過程で、念仏は幸せに生きたいと願う、その行為自体にもなるし、加えて私たちが命尽きた後、阿弥陀仏の極楽世界に往生するためにも、必要不可欠であるといった考えが示されております。そのなかで、大変興味深いのは、念仏が幸せを願う行為になると指摘されているところです。これは、実際に幸せになれるかはどうであれ、幸せに至る原因に念仏がなり得るという意味なのでしょう。さらに言えば、幸せというものの定義が難しいところですが、物事が良い状態であることを幸せだとすると、そうなる可能性がある実践の一つが念仏になってくるとも解釈できそうです。もし、このような解釈をするのなら、『スッタニパータ』第260偈の内容に相通じるものが見えてきそうです。

物事が良い状態になるためには、それに相応しい行いがあります。その行いには、状況に応じて本当にさまざまなものがあるとは考えられますが、紹介したブッダや法然のことばから読み取れるものは、その内の一部と見られます。物事が良い状態となるようにブッダや法然が示した教えを実践し、ひいては幸福を手に入れてみませんか。ちなみに、浄土宗では、「南無阿弥陀仏」と念仏を唱え、極楽浄土に生まれ変われば、誰でも必ず幸福を手にできると捉えます。少なくとも、来世ではもれなく幸福が手に入るというスタンスです。

5 無量の慈悲心

ブッダのことば

『スッタニパータ』第150偈

また、上にも、下にも、また四方八方にも、躊躇《ちゅうちょ》なく、恨《うら》みを捨て、敵意なしに、全宇宙に向けて無量の慈悲の心を起こしなさい。

法然のことば

『鎌倉の二位の禅尼へ進ずる御返事』

お念仏の教えを頭から信じようとしない人たちに無理に勧めてはなりません。このような人たちであっても、過去の世における父母・兄弟姉妹・親類であったとお思いになって、慈悲の心をおこし、お念仏を唱えて、はやく極楽浄土の上品上生に往生して、そこでさとりをひらき、この生死の迷いの世界に再び還り、仏さまの教えを謗《そし》ったり、信じようとしない人をも往生させようと、お念仏を唱えつつ、そのように思うべきです。

みなさん、どの範囲にまで慈しみ、あわれみの心を向けていますか。よくよく考えてみると、私たちは慈しみ、あわれみの心を極めて限られた範囲にしか、向けることができないのではないかと思われます。自分の大切な人に、慈しみ、あわれみの心を向けることはあるとしても、自分と敵対している人などに、慈しみ、あわれみの心を向けることはほとんどないですよね。また大切な人のために注意をするときなど、自分としては慈しみ、あわれみの心を向けているつもりだとしても、相手はそれを怒りと感じる場合だってあるはずです。私たちが慈しみ、あわれみの心を向けられている範囲は、ほんのわずかな範囲だと思って大きな間違いはないでしょう。

紹介したブッダのことばから、私たちがどれくらいの範囲に慈しみ、あわれみの心を向けるべきかが読み取れます。ここでは「上にも、下にも、また四方八方にも」という表現があります。註釈書によれば、これは生きとし生けるものが輪廻する欲界《よっかい》・色界《しきかい》・無色界《むしきかい》という三界のこととされます。このなかの欲界の一部が、私たちの生活している人間界ですが、ブッダは人間だけに限らず、地獄で苦しむ人々や動物たち、また神様に至るまで非常に広い範囲へ慈しみ、あわれみの心を向けるべきだと勧めていると理解できます。さらにいえば、「躊躇《ちゅうちょ》なく、恨《うら》みを捨て、敵意なしに」と示されていますので、その対象には、自らと敵対しているようなものも含まれていると見られます。ブッダが教えるように、慈しみ、あわれみの心を向ける範囲は、広ければ広いほうがベストであるのは疑いの余地がないでしょう。

一方、法然は「お念仏の教えを頭から信じようとしない人たち」を慈しみ、あわれみの心を向ける対象としてあげています。言い換えると、法然は自身の教えに批判的な立場の人たちをも大事に考えるべきだと言っているのです。しかも、そういった人たちを、過去の世での自身の父や母、あるいは兄弟、はたまた親戚であったと思って、自身が阿弥陀仏の極楽浄土へ往生した後に、しっかりと彼らを導こうと志すべきだとも述べています。ちなみに、御法語に明示はされないものの、批判的な立場の人たちが慈しみ、あわれみの心を向ける対象とされているということは、もちろん好意的な人たちも然《しか》りであろうと推定できます。異なる立場の人にまで慈しみ、あわれみの心を向けるのは、なかなか難しいことですが、法然はそういった範囲にまで慈しみ、あわれみの心を向けるべきと考えました。これはブッダが、自らと対立しているようなものも含めた広範囲にわたって慈しみ、あわれみの心を向けるのが良いと諭したのと軌を一にしていると理解されます。

広範囲にわたって慈しみ、あわれみの心が向けられたのなら、それは素晴らしいことでしょう。量《はか》ることのできない「無量の慈悲心」を起こす、それにトライしてみるのはいかがですか。もし実現できなかったとしても、そこからは必ず何らかの気づきが得られるはずですし、何よりもその一歩は、あなたにとってきっと大切なものになることでしょう。

なお、そういった試みも、浄土宗の場合は、最終的に念仏の声につながっていくと言われています。念仏をより多く唱えていくものとして、無量の慈悲心を起こそうと取り組むのは、決して悪くはないのです。

6 あらゆる命が幸せでありますように

ブッダのことば

『スッタニパータ』第146偈・147偈

生あるものはどのような存在であっても、動物であれ植物であれすべて、体形が長いものも、体が大きいものも、中くらいのものも、小さいものも、眼に見えないほど微細なものも、眼に見えるような大きさのものも、目視できるものも、目視できないものも、遠くであるいは近くで過ごしているものも、すでに生まれているものも、これから生まれるであろうものも、生きとし生けるものはみな、幸せでありますように。

法然のことば

『念仏往生義』

「浄土往生を遂げるには念仏さえ唱えていれば不足はない」などとうそぶいて悪事さえも憚らず、なすべき慈悲の行いを実践もせず、ましてお念仏に励まないようでは、仏教の定めに反するというものです。

他者の幸せを願っていますか。このような質問をされて、ドキッとする方は少なくないはずです。人によって頻度《ひんど》にバラツキがありそうですが、私たちは時に自分自身の幸せを願います。例えば、眠りから覚めて「今日は自分にとって良い一日になるといいな」とか、眠りにつく前に「明日は自分にとって良い一日になるといいな」などと思うことは、決して珍しい行動ではありません。この本をお読みの方は、こうした行動を取った経験をお持ちのはずです。その一方、自分ではない他者の幸せを願うことはどうでしょう。おそらく、自身の幸せを求めるのに精一杯で、なかなか他者の幸せまで気にかけてこなかった、あるいは気にかけられていないというのが大方ではないでしょうか。しかし、他者の幸せを願うのは、自身の幸せを得るためにも、大切なことです。

ここで紹介したブッダのことばは、註釈書によれば、神々に脅かされて正気を失うなどした出家修行者たちが、雪山の麓《ふもと》からブッダに指南を仰ぎにやってきたときに示されたものです。このとき、ブッダはコーサラ国という国の首都である舎衛城《しゃえいじょう》に滞在しており、そこで出家修行者たちに向かってこの教えが説かれました。内容的にはブッダが動物・植物、目視できるもの・目視できないもの、遠くで過ごしているもの・近くで過ごしているもの、すでに生まれているもの・これから生まれるであろうものという四種類の二つの組み合わせと、さらに体形が長いもの・小さいもの・中くらいのもの、体が大きいもの・眼に見えないほど微細なもの・中くらいのもの、眼に見えるような大きさのもの・眼に見えないほど微細なもの・中くらいのものという三種類の三つの組み合わせに触れつつ、生きとし生けるものに言及し、そのすべてに幸せが訪れるよう願うことを諭していると理解できます。仏教の修行の一つに、さまざまな生き物の慈悲を願う「慈悲の瞑想」がありますが、このブッダのことばが後にそのような修行に発展していったのでしょう。いずれにしても、ブッダはさとりを目指す志のある修行者に、他者が幸せになることを願うべきだと勧めているのです。

また、法然も慈悲の大切さを説いています。法然の教えは、私たちが生きている娑婆世《しゃばせ》界《かい》では、さとりに至ろうと修行をしても、それを成し遂げるのが極めて困難である人々に向けて説かれたものです。娑婆で生きる人々が、そことは異なる阿弥陀仏の極楽世界に生まれ変わることを求めて「南無阿弥陀仏」と念仏をもっぱらに唱えると、阿弥陀仏の極楽世界に生まれ変わることができます。その後は、さとりを得るための修行をし、最終的にさとりの境地に到達するのが良いと法然は考えました。したがって、極端な話をすれば、私たちが生きている間にするべきことは念仏だけであり、それ以外には何の修行も必要ではありません。ただし、これには大前提がありました。それが紹介した法然のことばから読み取れます。法然は、そもそも悪事を憚《はばか》ったり、なすべき慈悲を実践したりするのは当然の営みであり、それらをないがしろにしてはならないと考えていたのです。ちなみに、ここでいう「なすべき慈悲」とは、他者を慈しみ、あわれむことです。そのなかには、言うまでもなく、他者の幸せを願うという行いも含まれていると理解してよさそうです。

「あらゆる命が幸せでありますように」と願うことはよいことです。それが難しいなら、自分のできる範囲で他者の幸せを願ってみるのも悪くはないのでしょう。自身がより良く生きるためにも、他者を思いやる気持ちは忘れてはならないものです。他者の幸せを願うことで、新しい地平が開けてくるはずです。

7 新たな一歩を踏み出そう

ブッダのことば

『聖求経』

そこで、比丘たちよ、私はその教えに満足せず。その教えから厭い離れ、出て行ったのです。

法然のことば

『聖光上人伝説の詞』

「この私ごときなど、やはり戒・定・慧の三学に堪えうる器ではない。三学のほかにこの愚かな私の心にみあう教えははたしてあるのだろうか。この私にも堪えうる修行はあるのだろうか」と、多くの智慧ある賢者を探し求め、さまざまな学者を訪ねました。

大志を抱き、一生懸命に何かに取り組み、ある程度の成果がでたあと、どのような行動をとるのがよいでのしょうか。①これまでの成果に満足して歩みを止める、②これまでの成果に満足せずに歩みを進める、このような二つが選択肢として想定されそうですが、この本をお読みのみなさんは、どちらの道を選ぼうと考えますか。①を選ぶ方もいれば、②を選ぶ方もいると思います。世の中には本当にさまざまな考え方、物事の捉え方がありますからね。もちろん、①を選んだから…②を選んだから…といって、それが問題になるようなことはありません。

ただし、ブッダが自身の行動について語ったことばとして『聖求経《しょうぐきょう》』の一節が受け継がれております。ブッダは出家後、涅槃を求めながら、アーラーラ・カーラーマとウダカ・ラーマプッタという二人の人物のところへ行って修行に邁進し、すぐに高度な精神状態である無処有所《むしょうしょ》や非想非非想処《ひそうひひそうしょ》と呼ばれる境地に達しました。しかし、そこでブッダがとったのが、提示したことばに示される行動でした。そして、ついにブッダは涅槃《ねはん》に至ったとされます。これは、目標に向かって物事に取り組む過程では、決して目の前の成果に甘んじることなく、歩みを前に進め続けるのが、より良い結果をもたらすという教訓を私たちに与えてくれます。

また、法然が自身の過去の行動について、提示したことばが伝わっています。それによると、法然は涅槃の境地に至るために、戒《かい》・定《じょう》・慧《え》の三学という仏教におけるスタンダードな修行に取り組みました。戒とはブッダの定めた生活の規範を守り自分の身体を調えていくこと、定とは瞑想のことで精神を統一し物事をしっかり観察すること、慧とは智慧のことで瞑想によってもたらされる正確な判断力であり、ブッダの教えをありのままに理解する能力です。しかし、法然はこれを完全には成し遂げられなかったため、どうしたらよいか、複数人に問い訪ねるという行動を取っていたのです。こうした法然の行動からは、目的がある程度達成されても、厳しい評価を下し、次々とアクションを起こしていった方が良いという行動指針が導き出されてきます。実際に、そういった行動を経て、法然は専《せん》修念仏《じゅねんぶつ》の教えにたどりつき、命終の後に、一切の苦しみがない阿弥陀仏の極楽世界へと往生を遂げ、志をまっとうしていきました。そして、法然が開いた浄土宗の教えは、今でも大切にされ、私たちに救いをもたらし続けてくれています。

現状に満足せず、新たな一歩を踏み出す。ともかく歩み進めることが大切なのは、ブッダや法然が取った行動、およびその行動の結果を鑑《かんが》みれば、明らかでしょう。目標や目的に対して歩みを止めない姿勢が、いずれより大きな成果につながると心得、その考えを、

冒頭で触れたような状況に直面した時はもちろん、他にもいろいろな場面において、参考に行動していくのはいかがでしょうか。きっとあなたにとってプラスに働く瞬間がくるはずです。

8

死と向き合って安らかな涅槃を願う

ブッダのことば

『聖求経』

死に至る存在でありながら、死に至る存在についての悲惨さを知って、不死の、無上の、安穏と結びついた涅槃を求めます。

法然のことば

『要義問答』

国王の身となり世界中を統治したとしても、生《しょう》・老《ろう》・病《びょう》・死《し》・愛別離苦《あいべつりく》・怨憎会苦《おんぞうえく》などの苦しみからは、どれ一つとして逃れることなどできません。よしんばこうした苦しみを受けないにしても、地獄・餓鬼・畜生の三悪道に堕ちてしまうおそれがあるのです。心ある人ならば、どうして俗世を厭わないことがありましょう。

私たちは日常の生活を送るなかで、死を意識する機会がほとんどありません。しかし誰にでもいつかは死が訪れます。みなさんは「自分が必ず死ぬ存在である」ということについて、どのように感じますか。このような質問をされれば、おそらく、ほとんどの方が悩みや不安のような感情を抱くのではないかと思います。それは、死というものについて、苦しんでいる状態であると言ってよいでしょう。何を隠そう、私もその一人です。頭では、「人間、誰にでも死は訪れるのだから、将来、自分にも死ぬ時が来る」と理解しているつもりでも、死について考えていると、自然とネガティブな気持ちになってしまいます。

ブッダは死をめぐって、提示したことばを残しています。このことばは『聖求経《しょうぐきょう》』という仏典に見られるものです。『聖求経』によれば、ブッダが舎衛城《しゃえいじょう》（古代インドにあった一つの都）の近くの祇園精舎に住んでおり、舎衛城へ托鉢《たくはつ》に入った時、阿難《あなん》のもとに修行者たちが近づき、ブッダの法話を聞きたいと願いました。するとバラモンのランマカの修行場において、ブッダから法話をしてもらうことが叶い、「聖なる求め」と「俗なる求め」が明らかにされました。提示したことばは、それらのうち「聖なる求め」が示される過程で言及されたものです。これによると、私たちは「死に至る存在」であり、そんな私たちだからこそ「死に至る存在についての悲惨さを知って」、死に思い煩《わずら》うことのない涅槃《ねはん》の境地を目指すのが良いとブッダが考えていたことが分かります。そして、そのように実践するのを勧めていたのも読み取れます。

また法然も、死にまつわることばを残しています。これは涅槃の境地を目指す心が弱く、たびたび病気になってしまっているような人に対し、法然が示した御法語と理解できます。法然はいかなる身分の人でも生《しょう》・老《ろう》・病《びょう》・死《し》・愛別離苦《あいべつりく》・怨憎会苦《おんぞうえく》などの「四苦八苦」といわれる苦しみは受けるし、万が一「四苦八苦」といわれる苦しみを受けないとしても、今後、涅槃の境地から遠ざかってしまう可能性があるため、「四苦八苦」があるような世界を離れるべきだと述べています。このことばは、直接的に死に焦点があてられている訳ではありませんが、「死苦」、つまり死というものを正しく捉えられない故に起こってくる苦しみが私たちには間違いなくあり、それを知った上で、そういったものから逃れられたら何よりもすばらしいという考えがあるのでしょう。これは『聖求経』に認められるブッダの教えと軌を一にしているものです。

みなさんも、必ず訪れる死を見つめ直し、死と向き合って安らかな涅槃を願う、そういった考えに思いを巡らせてみるのはいかがでしょうか。忙しい日々のなかでは、死やそれと関連する事柄などに意識を向ける時間は無きに等しいかもしれません。しかし、そうだ

からこそ、アクションを起こせば、きっと何か見えてくるものがあるはずです。なお、浄土宗の立場からすると、死と向き合うなかで見えてくるものは、阿弥陀仏の極楽世界のすばらしさとそこに生まれたいという願いになるでしょう。

9 迷わず彼岸を目指そう

ブッダのことば

『ダンマパダ』第85偈

人々のなかで彼岸に行こうとする者は極めて少ない。その他の者たちは岸上で右往左往しているだけだ。

法然のことば

『津戸の三郎へつかわす御返事（八月二十四日付）』

穢れや悪に満ち満ちた世の中は今にはじまったわけではありませんから、何事につけても、一刻も早く往生しようとお思いになるべきです。

不安、悩み、苦しみなどを持たない人はいないはずです。それらの原因は、年代や性別によって本当にさまざまだと考えられますが、代表的なものとして健康、家庭、仕事、経済、学校に関する問題があるでしょう。そうした不安、悩み、苦しみなどをみなさんはどうされていますか。おそらく、原因を取り除き、不安、悩み、苦しみなどを上手く解消して、それらをなくすことが理想であるとは分かりつつも、実際には、そのためのアクションを起こさず、適当にやり過ごすことで、何とか生活を続けているのではないでしょうか。しかし、理想に向かって進んで行くのを断念する必要はありません。

『ダンマパダ』第85偈は、ブッダが不安、悩み、苦しみなどがある者に対して説かれた教えであると解釈してよさそうです。もともとは、舎衛城《しゃえいじょう》において、夜通し教えを聞こうという趣旨のイベントが催された時、人々が欲望、怒り、眠気といったものに起因して夜通しで教えを聞くことができませんでした。これについて修行者たちが会話をしていた最中、そこにブッダが現れ、夜通し話を聞けなかった人々に関して分析し、発せられたのがこのことばです。ただし、欲望、怒り、眠気といったものを有している者は、それらによって不安、悩み、苦しみなどを抱いていると考えられます。そのため、ブッダはいずれにしても何らかの煩《わずら》いがある者を批評しながら、そういった者へ、一切の煩いのない

「彼岸《ひがん》」というところを目指して行動を起こしていこうと勧めていると理解できるでしょう。なお、「彼岸」と対照になるのが「此岸《しがん》」です。「彼岸」が一切の煩いのないところとなりますので、「此岸」はその逆で、多くの煩いがあるところとなります。

また、法然は提示した御法語のように述べています。この言葉は、鎌倉時代に活躍した武士である津戸三郎為守《つのとのさぶろうためもり》が法然の流罪を耳にし、法然へ手紙を送り、法然がその受け取った手紙を見た上で、津戸三郎為守に返信をしたものの一節となります。したがって厳密には、法然が津戸三郎為守へ届けた文章となりますが、ひろくは私たちに向けて語った言葉であるとも読み取れます。御法語のなかでは、穢《けが》れや悪が充満しているこの世界は昔から続いているもので、そういった世界、つまりは多くの煩いを感じる「此岸」から、ともかく阿弥陀仏の建立した極楽浄土へと往生するべきことが勧められています。これは阿弥陀仏の極楽浄土は全く苦しみがなく、そこへ往生した者は基本的に煩いを感じないと法然が別の御法語で語っている事情を踏まえると、「此岸」にいて、不安、悩み、苦しみなどを抱いたりしている私たちに「彼岸」へ行くようにと法然がうながしていると見なすことができます。ちなみに、法然は阿弥陀仏の極楽浄土へ往生する最も適切な方法が「南無阿弥陀仏」と唱える念仏の行であるとさまざまなところで述べています。

「迷わず彼岸を目指そう」。そうしたエールとも表現できそうな内容がブッダと法然の教えには通底して認められます。更に、両者の教えには、「彼岸」に至るために、何らかのアクションを起こしていこうという訴えが含まれていると受け止めることができます。不安、悩み、苦しみなどがないのは、本当に理想ですよね。そのような状況を追い求めて、何かしてみませんか。行うべきことは、仏教的にはそれが修行になります。例えば、正《しょう》見《けん》・正思惟《しょうしゆい》・正語《しょうご》・正業《しょうごう》・正命《しょうみょう》・正精進《しょうしょうじん》・正念《しょうねん》・正定《しょうじょう》の八正道《はっしょうどう》、布施《ふせ》・持戒《じかい》・忍辱《にんにく》・精進《しょうじん》・禅定《ぜんじょう》・智慧の六波羅蜜《ろっぱらみつ》、称名念仏《しょうみょうねんぶつ》といったものです（各項目の詳細は「Ｗｅｂ版新纂浄土宗大辞典」を参照ください）。それらのなか、とりわけ浄土宗の立場では、称名念仏を行うのがベストとなります。「南無阿弥陀仏」と念仏を唱えた利益によって、分け隔てなく、誰もが「彼岸」に至れます。

10 極楽という理想の地へ出家しよう

ブッダのことば
『ダンマパダ』第91偈

自らを省みる者たちは出家して、家で楽しむことはない。渡り鳥が沼を捨て去るように、家々を捨て去る。

法然のことば
『一百四十五箇条問答』

出家せずとも往生は叶いますか。お答えします。俗世に身を置いたまま往生を遂げる人も多くいます。

慣れ親しんでいる家は居心地が良いものです。自分の使いたいものが思ったところにあったり、自分の好きなものが周りを囲んでいたりして、あまりいやな気持ちになることなく過ごせるので、ずっと居たくなりますよね。しかも、最近はインターネットの発達により、買い物も仕事もほとんど家できるようになったので、以前より家の居心地の良さは高まっているような気がします。この先、「できれば家から出たくない！」という考えを持つ人が多くなっていっても不思議ではありません。しかし、武者修行（より高度な武術を身につけるべく、武士が慣れ親しんだ家、あるいは地域から出て他のところへ行き、そこで鍛錬を積んで、志を成し遂げようとした一連の動作を表現したもの）という言葉もあるくらい、目標によっては、家といった居心地の良い場所から出て、目標を達成するために適切な場所に身を置き、何かをするのが功を奏する場合も少なからずあるようです。

『ダンマパダ』第91偈は、出家に関するブッダのことばです。これによる限り、ブッダはよく物事を考える人々を取り上げつつ、そういった人々はいずれ家で楽しむことなく出家すると考えていたようです。ブッダは出家を好意的なものと捉えていました。この出家の説明として、渡り鳥の比喩が用いられています。渡り鳥の比喩は、註釈書を参考にすれば、渡り鳥がある湖沼を住処とする時、その湖沼それ自体には執着せずに住み、そして時期がきたら、住んでいた湖沼に対して何の期待もせずに出て行く有様を出家に喩えたものです。出家が渡り鳥の行動のようだとは言い得て妙ですね。以上を踏まえると、ブッダが出家に対してポジティブな姿勢を取っていたのは間違いなく、さとりを得るという目的を果たすために、出家を勧めていたと言えます。

その一方、法然も出家に関することばを残しています。ここで紹介した以外にも、法然が出家について述べた言葉がいくつかありますが、それらのなかで、興味深いのが紹介した御法語です。これは『一百四十五《いっぴゃくしじゅうご》箇条問答《かじょうもんどう》』のなかに含まれています。『一百四十五箇条問答』は、ある人の質問に対し、法然が答えるという一問一答の形式をとっています。ここで法然は、出家とはほぼほぼ逆の状態である在家のままで、阿弥陀仏の極楽浄土へ往生する人が多いと述べております。この言葉によると、阿弥陀仏の極楽浄土はさとりに至るために修行をする場所であり、家とは異なる場所ですから、そこへの往生が、在家の人にとっては出家するのと同じになる、という見解を法然が持っていたと思われます。つまり、法然は、往生が成し遂げられた後になるかもしれないものの、全ての者が出家すると理解していたのでしょう。さらにいえば、誰であれ、究極的には極楽浄土で真に出家し、さとりを得るべきであると考えていたのではないかと見なせます。

家を捨て、さとりを得るために修行に入るといった本当の意味での出家をするのは、大変な困難が伴いますが、極楽という理想の地へ出家しようと目指すことは今すぐにでもできると思います。本当の意味での出家ができる人は、出家して、悩みや苦しみがない状態を求めて日々精進していくのがより良い生き方なのでしょう。しかし、本当の意味での出家ができない人は、最終的に出家ができる極楽浄土への往生が叶うように、念仏を唱えるなかで一日一日を積み重ねていくのがより良い生き方だと考えられます。どちらの道を行くのが適当そうか、もう読者のみなさんはよくお分かりのはずです。

〈第五章〉

幸せを求めて

渡邉眞儀

1 誰もが幸せを求めている

ブッダのことば
『スッタニパータ』マンガラスッタ序文

このように私（アーナンダ）は聞きました。ある時、世尊は舎衛城の祇園精舎《ぎおんしょうじゃ》に滞在していました。そのとき、とある麗しい美貌の神が、夜も更けたころに祇園精舎を隅から隅まで照らして、世尊に近づき、傍に来てから世尊に礼拝して一方に立った。そこで、その神はその場から、世尊に詩の形式で語りかけた。大勢の神々と人々が、さまざまな幸福について考え、平安を願っています。最高の幸福をお説きください。

法然のことば
『津戸三郎へつかはす御返事（十月十八日付）』

私は幼いころから仏さまの御教えを学んできた身ではありますが、お念仏以外、いかにすれば往生できるか存じません。今は、ただお念仏をお唱えして、阿弥陀さまの本願を頼りに往生しようと思っております。

人類の歴史を振り返ってみると、古今東西数多くの思想家や宗教者が現れ、独自の教義を生み出してきました。それらのなかにはほとんど忘れられてしまったものもありますし、現代にまで連綿と伝えられている教えもあります。ではもし誰かに、「我々が、数多くの教えのなかで仏教という最も素晴らしい教えに出会えたのはなぜか」と尋ねられたならば、あなたはどう答えるべきでしょうか。あなたは「約2500年前、ブッダという人物が最高のさとりを開いたからだ」と答えるかもしれません。確かにそれは事実です。ブッダというひとりの偉大な人物がいなければ、私たちがその教えに出会うことはありえなかったでしょう。とはいえ、おそらくその答えではあなたに問いかけた人は満足しないでしょう。あなたはまだ、問いの半分にしか答えられていません。あなたの答えは仏教が生まれた理由であって、他ならぬ仏教が現代にまで伝わっている理由ではないからです。ではなぜ仏教は、現代まで生きた教えとして伝わっているのでしょうか。それはブッダと同時代の人々、さらにはその後に生まれた多くの人々が現世での安楽を、そして来世での幸せを、みな一様に願っており、仏教がその願いに対する優れた回答だったからです。

ブッダの生きた時代は、インドの歴史のなかでも大きく社会が変動した時代でした。そのなかで成功して新たな地位を得る者が出る一方で、貧富の差も拡大していきました。そのような困難な時代のなかで、人々は世俗的な苦しみを乗り越えるための教えを求めました。そして、さとりを開いたブッダに対して、救いをもたらす教えを説くように願ったのです。ここで紹介したブッダのことばでは、そのことが象徴的に表されています。仏教がひとつの教えの体系として成立するためには、ブッダがさとりを開くだけでは不十分でした。真実の教えを説くブッダと、そのブッダの教えを救いへの道として受け入れた人々の関係があって、はじめて我々が知る仏教が生まれたのです。

さらに、ブッダが入滅した後も、その教えが途絶えることはありませんでした。彼の弟子たちはその教えを守り、後世に伝える努力を続けました。またアショーカ王のような権力者をはじめ、在俗の人々が仏教を支持し広めたことも、この教えがインド全土やアジア各地に伝播《でんぱ》した重要な要因です。仏教が現代にまで生き続けているのは、人々がその価値を認め、共に守り続けてきたからに他なりません。だからこそ現代においても、誰もが仏教に出会いそのなかで救いを得ることがあるのです。そして我々から800年以上前に生きた法然も、その出発点は我々とまったく同じでした。

法然は比叡山において究極の救済を求めて、仏教のあらゆる経典を学びます。しかしながら、末法の世においてはブッダの在世時のように修行を完遂《かんすい》してさとりを得ることは不可能ではないかと考えるようになっていきました。法然はそれでもなお人々が救いを得る教えを求めて、さらに仏典をひもときます。そうして見いだしたのが中国の高僧である善《ぜん》導《どう》の著した『観経疏《かんぎょうしょ》』です。この書物は『観無量寿経《かんむりょうじゅきょう》』という経典の注釈書で、法然はそこに説かれる念仏往生の教えこそが、数ある仏教の教えのなかで最も多くの人々を救いとるものであると確信します。

この法然の教えは、多くの人々の支持を得ました。それは阿弥陀仏を信じ、南無阿弥陀仏と念仏を唱えるだけで極楽往生という素晴らしい結果を得ることができるというシンプルな教えが、人々の心に刺さったということでもあります。それは、末法の世を生きる人々にとって大きな希望であり、幸せをもたらす具体的な手段でした。ブッダの時代も、法然の時代も、そして現代も誰もが幸せを求めています。仏教はその求めに応える教えであり、実際に人びとを幸せにしてきたからこそ、過去から現代に受け継がれてきたのでしょう。この教えを学び実践すれば、きっとそれぞれの幸せが見つかるはずです。

2 人生の勝利者となれ

ブッダのことば

『ダンマパダ』第１０３偈

戦場において千の千倍の人に勝利するにしても、自分自身という一人に勝利するならば、その人は戦場において最高の勝利者である。

法然のことば

『つねに仰せられける御詞』

「いずれにしてもこの身にはあれこれと思い悩むことなどないのだ」と思ったならば、生きるにも死ぬにもなにごとにも思い悩むことなどなくなるのです。

世の中では多くの人々が成功することを望んでいます。人々が富や名誉などを求め競争を行う舞台は、まさしく現代の戦場といえましょう。これは今から2000年以上前、ブッダが生きた古代の時代に、人馬がぶつかり合った戦場と本質的には何ら変わるものではありません。どちらも競い、争う場所であり、そこには必ず勝者と敗者が生まれます。少数の勝者たちが栄光に包まれ煌《きら》びやかな生活を送る一方で、敗者となった大多数の人々は、勝者の陰で慎《つつ》ましく暮らすことを余儀なくされます。

我々は富や名声を得ることだけを人生の目的とし、そのための成功を目指していればいいのでしょうか。決してそうではありません。なぜなら病気、老い、そして死という人生の苦しみは、大富豪にも権力者にも等しく訪れるものだからです。かつて栄華を誇った者でも永遠に繁栄することはなく、死の苦しみから逃れられる人間もいません。例えば秦の始皇帝が持てる力を注いで宮殿のごとき巨大な陵墓を築き、不死の妙薬を探し求めたのも、死後の世界への不安に駆られての行動でした。しかしながら、始皇帝のように不死を願ったり、現世での繁栄を追求するのは、いずれ来る苦しみから目を背けているだけであり、根本的な解決にはなっていません。

ブッダはこのことをよく理解していました。ブッダは苦しみの原因は老いや病気や死そのものではなく、それらを恐れ、いずれ滅する肉体にしがみつく我々の心、すなわち執着であることを菩提樹の下でさとります。そして、そのような執着を断ち、苦しみから逃れる方法として仏教が生まれたことは、よく知られている通りです。冒頭に紹介した「戦場において千の千倍の人に勝利するにしても、自分自身という一人に勝利するならば、その人は戦場において最高の勝利者である」という言葉の通り、ブッダが説く勝利とは外面的なものではなく、内面的な成長や克己心を指しているのです。

つまり仏教における人生の勝者とは、世俗的な成功を収めて富や名声を勝ち取った人々ではありません。そうではなく、自分自身の弱い心に打ち克ってさとりを開いた、ブッダのような人物を指すといえます。しかしながら、実際に厳しい修行を成し遂げ現世でさとりを開くことは、並大抵のことではありません。さとりを開くことはブッダの在世においても難しいことでしたが、ブッダが入滅して長い年月が経過し、いわゆる末法と呼ばれる時代が訪れると、その難易度がさらに上がっていきます。

そんな末法の時代に生きた若き日の法然もまた、膨大な経典の学習に明け暮れながらも、自らがさとりを得て救われることに確信を持てずにいました。「私のような心の弱い凡夫が救われる教えとは何か」と悩みぬいた末に、たどり着いたのが専修念仏《せんじゅねんぶつ》の教えです。法然のことばにある「いずれにしてもこの身にはあれこれと思い悩むことなどないのだ」と思ったならば、生きるにも死ぬにもなにごとにも思い悩むことなどなくなるという教えは、専修念仏がもたらす心の解放を象徴しています。

専修念仏という救済をもたらす教えに出会い、それを信じ抜くことによって、法然はブッダの言うような人生の勝利となったといえましょう。価値観が多様化し、絶対的な何かに出会うのが難しい現代社会で、私たちは何を信じれば良いかに確信を持つことが難しいものです。そのような迷いのなかで、信頼できる教えと出会いそれを力にして暮らしていくという生き方は、ひとつの理想となるものでしょう。

現代の私たちが、ブッダや法然の教えから学べることは多くあります。成功者となって金銭や名誉を手に入れようとすることは、生きるモチベーションになるものです。ただ、そのなかで内面的な充足を忘れてはなりません。ブッダや法然が示したように、真の勝利とは自分自身の執着や迷いに打ち勝つこと自分自身の心の平安を得る道を歩むことで、いずれ本当の勝利者となることができるでしょう。

3 鮮やかでよく薫る花

ブッダのことば

『ダンマパダ』第52偈

美しく色鮮やかであるうえに、よく薫る花があるように、巧みに説かれた教えは、それを実践する人にとっては有益である。

法然のことば

『浄土宗略抄(鎌倉二位の禅尼へ進ぜられし書)』

聖道門《しょうどうもん》は私のような者に実践できる教えではない、そう思って聖道門にはよらず、この浄土門に入ってただひたすらに阿弥陀さまのお誓いを仰いでお名号を唱える、そういった人を浄土門の行者というのです。

梅雨から盛夏にかけてさまざまな植物が成長します。鮮やかな色の花、かぐわしい香りの花、ひっそりと咲く可憐な花、さまざまな花がそれぞれの命を輝かせながら世界に彩を与えてくれます。

仏典に説かれる花といえば蓮が代表的ですが、ブッダはその他にも花を題材にして、教えを説くことがあったようです。『ダンマパダ』第4章は「花の章」と名付けられ、花にちなんだ教えが集められています。ここで紹介するブッダのことばもその一つです。ここでは美しくよく薫る花のように、見事な言葉によって説かれた教えは人によって実践されることで、花開くことになると説かれています。一方でこの直前には、見事な教えであっても実践されなければ無駄になってしまうと説かれ、教えはその説かれ方の巧拙《こうせつ》だけでは評価できません。言葉の巧みさよりも、教えが実践できるかどうかで、その価値が定まります。実行が難しいうわべの言葉を「きれいごと」といいますが、逆に実行できればそれは実りある真実になります。

すなわち、ブッダは、教えの本質がその実践可能性にあると考えたのです。言い換えれば、教えは実践されることで真実になるということでもあります。それゆえブッダの教えはごく僅かな人しか実践できない高邁《こうまい》なものではなく、多くの人が実践できるものでした。

そして、この理念はのちの法然にも受け継がれていきます。

若き日の法然は自ら苦しみながら、万人が救済される教えを探していました。そしてたどり着いたのが念仏の教えです。法然は、念仏は誰もが簡単に理解でき、さらに実践も容易であるから勝れていると考えました。これは他の教えをけなすものではありません。あくまで自分にできるかどうかという判断に基づいた価値づけです。そして実際に念仏を唱えた人々は、暮らしのなかで深い安心感を得ることができたのでしょう。だからこそ法然の教えは多くの人の支持を集めたのです。これは現代においても変わらない力を持っています。

社会にたくさんの情報があふれるようになった現代において、私たちはよく説かれた言葉にであい、また難しく論理的な教えに興味を惹かれることがあります。人には知的な欲求があり、それは当然のことです。しかし、どんな高邁な教えであっても、それを使いこなすことができなければ苦しみが生まれ、論理的な教えを学んでも自身の感情を制御できなければ悩み苦しみます。そんな時、ここに示したブッダと法然のことばを思い出しましょう。

巧みに説かれたことばは、それを実践することで真実となります。一方、実践を伴わない教えは空虚な言葉遊びになってしまうかもしれません。どんな教えも、自分でやってみることでその真価がわかる。ぜひ「できるかどうか」という観点で教えの判定をしてみてください。この観点を持っていれば、情報が溢れる時代において、有益であるような教えを見つけることができるはずです。

もちろんブッダの教えも、法然のことばも実践が可能なもの。自分自身でそれらに向き合い、自分に合ったものを見つけることができたなら、それは素晴らしいことです。そして、その実践を重ねていけば、さまざまな欲望にあふれ、たくさんの苦しみが生まれるこの社会において、あなた自身は清らかに生きていくことができるでしょう。泥のなかから生えてその泥に汚されず清らかに咲き誇る蓮のように。

4 功徳を積むと楽しくなる

ブッダのことば

『ダンマパダ』第18偈

功徳を積んだら楽しくなる。この世でもあの世でも、どちらにおいても楽しくなる。（この世においては）功徳を積んだと言って楽しくなる。（あの世においては）善き行き先に赴いてもっと楽しくなる。

法然のことば

『大胡の太郎実秀へつかはす御返事』

回向発願心とは、これといって特別な心をいうのではありません。私たちがこれまで修してきたあらゆる行の功徳をただひたすら振り向けて極楽往生を願う心のことです。

生老病死《しょうろうびょうし》という熟語に代表されるブッダの教えによれば、我々の一生は苦しいことの連続です。この世に生まれてくること自体が苦しみのはじまりであり、老いていくことも苦しみです。そして人はいずれ必ず病気になり、最後は死に至ります。そんなはかない人生であっても、日々をできるだけ楽しく、幸せに生きていきたいと願うのが私たちです。

しかし、ここで一度立ち止まって「幸せとは何で、楽しいとはどういうことか」を考えてみましょう。おそらく回答は人それぞれで、金銭などの物質的な豊かさを重視する人もいれば、健康のように身体的な豊かさを重視する人もいるでしょう。また良好な人間関係といった社会的な繫《つな》がりを大事にする人もいるはずです。さらに、たとえば娯楽の時間や宴席などのように、より短期的、瞬間的な快楽をイメージする人もいるかもしれません。このように人によって幸せや楽しさが意味するものは異なります。

このような幸せと仏教の教えに基づく幸せの概念は、一線を画しています。ブッダが説く幸せは「功徳を積むこと」です。功徳という言葉にはさまざまな意味がありますが、ここでは「善い行い」ととらえましょう。ブッダはこの善い行いの具体例として布施や持戒をあげます。布施は誰かのために何かを提供すること、持戒は規則正しく生活して身を慎むことです。これらを実践することで、私たちは功徳を積むことができます。

功徳を積むことは、他者を助けることに繋がり、それによって自らの心も安定します。ブッダはこれを「楽しさ」と説いたのでしょう。つまり、ブッダの説く楽しさは物質的なものでも身体的なものでもなく、他者を助ける利他行《りたぎょう》の実践と、自らの精神的な充足という二点に集約されるのです。そしてこの楽しさは、一時的な快楽ではなく、永く心に平安をもたらすものです。

法然とブッダのことばを共に学ぶことで、私たちはより功徳を積みやすくなります。法然は、あらゆる修行の功徳をつかって極楽往生を願うべきであると説いています。法然は念仏を唱えることで大きな功徳を積むことができると考えます。なぜなら念仏とは、阿弥陀仏という仏さまに選ばれた修行であり、この仏はそこに六波羅蜜《ろっぱらみつ》の功徳をすべて込めていて、私たちは念仏を唱えるだけでその功徳を得ることができます。いいかえると、念仏を唱えることで効率的に功徳を積むことができるのです。法然はこのことを確信し、六万遍もの念仏を唱えて日々を過ごしました。そしてその生活によって心が安定し、現世の苦しみが和らいだようです。だからこそ他の人にも念仏を唱えなさいと繰り返し勧めたのでしょう。これは大乗仏教の根本的な思想である利他に通じるものです。どんな人でも極楽に往生してほしいと願い、その手段を人々に説き広めた法然の生き方は仏教の理念を体現するものといえるでしょう。

さて、冒頭に紹介した法然のことばにある「回向発願心《えこうほつがんじん》」とは、私たちがこれまで積んできたさまざまな功徳を、ただひたすら極楽往生という目標に振り向ける心のことです。功徳を積むと、何らかのプラスの結果を得ます。一方、回向は他の結果を得るためではなく、往生のために功徳を振り向けて用いることです。また自分が積んだ功徳の結果は、基本的に自分自身で得るものですが、自分の功徳を誰かにプレゼントすることも回向といいます。回向によって私たちはよりよい結果を得たり、他者を幸せに導いたりすることができるのです。

いずれにしても功徳を積むことで私たちは幸せになります。そしてこの世でも、あの世でも楽しく過ごすことができる。今からでも遅くありません。功徳を積むことを意識しながら生きていけば、人生はよりよいものになり、さらに命尽きた後も楽しくあの世の暮らしができることでしょう。

5 手放すことで幸福を得る

ブッダのことば

『スッタニパータ』第263偈

施し与えること、教えを実践すること、親族を大事にすること、非難されない行い――これが最高の幸福である。

法然のことば

『鎌倉の二位の禅尼へ進ずる御返事』

この世において経済的に恵まれない人たちにも、助力を惜しまないようにしましょう。

「お布施」と聞けば、多くの人が僧侶に渡す金銭をイメージするでしょう。現代の日本社会では宗教の世俗化が進み、お布施が法事やお葬式の対価のように捉えられがちです。しかし、布施とは本来は見返りを求めず施し与えるものであり、とくに在家者から出家者に対して行われる修行の一つです。いいかえると、布施は何かの対価ではなく、ある意味で一方的に与えられるものなのです。

仏教における布施は、古代インドにおける仏教教団のあり方が深く関わっています。サンガと呼ばれる仏教教団は基本的に出家者の集まりでした。出家とは文字通り家を出ることであり、また仕事を離れることです。普通は、生きていくために働かないといけません。労働を通じて対価を得ることで、自分の暮らしが成り立ちます。しかし出家者は働くことなく、ひたすら修行に専心します。とはいっても出家者も生きていくために食料をはじめとした最低限の物品が必要です。そのため教団が成立するためには、在家の人々からの支援が不可欠でした。布施はこのような教団に対する支援です。もちろん布施をする人すべてが生活に余裕があるわけではありません。インドではそのような人であっても布施を実践したようです。なぜ彼らは自分の負担になるのに、出家者に布施をしたのでしょうか。

まず重要なのは、仏教教団が社会にとって精神的な豊かさを与えるものであるという認識が共有されていたことです。出家者たちは自ら修行に励むとともに、在家の者に対し教えを説き、人々の心に安寧《あんねい》を与えました。このような説法を法施《ほうせ》と呼びます。法施によって社会に仏教が広まり、お金や物では得ることのできない心の安定を獲得することができます。さらに他者に施しを与える行為自体にも意味があります。人は大事なものを抱え、いらないものを捨てて生きていく生き物です。しかし、そのように生きていくと大事なものがどんどん増え、いずれは抱えきれなくなって不自由になります。布施を実践し物質的なものを手放せば、より自由で楽に生きることができます。現代の私たちの生活でそれが端的に出るのがお賽銭《さいせん》です。金銭を投げることは、賽銭以外ではあまりみられないことです。よく考えてみると賽銭がかなり特殊な行動であることがわかります。現代社会で最も重視されている金銭を賽銭として捨てる時、我々は広くこの世の中に浸透した経済的価値観を捨て、ほんの少しの心の自由を得ていると考えることもできます。抱えるのではなく、手放すことで得られる幸福もある。ブッダはそう説いているのです。

冒頭に紹介した通り、ブッダは施し与えることを、最高の幸福の一つと述べています。施しは自分自身の心を清める重要な行為です。競争や効率が重視される現代社会で、施しや支援の価値が見過ごされがちですが、ブッダのことばは、他者への施しが自身の幸福につながることを私たちに思い出させてくれます。

法然も施しの重要性を説きます。経済的困窮者に手を差し伸べるべきという法然のまなざしは、布施が単なる宗教的な儀式ではなく、現実の社会問題への具体的な取り組みでもあることを示しています。自分の持てるものを分かち合うことで、社会全体の幸福を実現する道が開かれるともいえましょう。

このように考えると、布施は人間としての在り方や生き方に深く関わるものと言えます。経済的な価値観が支配的な現代において、与えることを大切にすることで、私たちの心は豊かになり、社会もまたより良い方向に導かれていく。ブッダや法然の教えを胸に、布施の精神を日々の生活に取り入れることで、私たちは幸福を手にし、社会もより豊かになるはずです。

6 幸せについて理解を深めよう

ブッダのことば

『ダンマパダ』第194偈

み仏方が世に現れることは幸せである。正しい教えが説かれることは幸せである。教えを実践する者たちみなが集うことは幸せである。集まった者たちの熱意ある行いは幸せである。

法然のことば

『法性寺左京大夫の伯母なりける女房に遣はす御返事』

念仏の行者が心得ておくべきことは、死後どうなるかを案じ、極楽浄土への往生を願ってお念仏すれば、臨終の際には必ず阿弥陀さまのお迎えを頂けると心得てお念仏を唱えるほかはないのです。

この章のテーマは「幸せ」ですが、考えてみるとこれはとても曖昧《あいまい》な言葉です。健康に慎ましく暮らすのが幸せだと考える人もいれば、功成り名を遂げて社会的に成功するのが幸せだと考える人もいます。何が幸せかは、人によってさまざまな考え方があります。しかし、ブッダは「幸せは人それぞれ」というところで立ち止まらず、本当の幸せを真剣に考えました。

ところで、冒頭のブッダのことばに繰り返し登場する「幸せ」という単語は、sukhaというパーリ語（仏典に使われた古代インドの言語）を訳したものです。sukhaは苦しみ・不快などを意味するdukkhaという単語と正反対の意味で、「楽しさ」「安らぎ」などと訳されることもあります。日本語の「幸せ」と重なる言葉と解釈して差し支えないでしょう。ここでは①仏が世に現れること、②正しい教えが説かれること、つまり仏教が存在する状況が幸せとして考えられています。そして③教えを実践する者が集うこと、④集まった者による熱心な行いがあること、すなわち仏教徒が争いなく盛んに修行をする様子もまた幸せであると述べています。

これは「幸せ」の反対が「苦しみ」であるという仏教的な世界観と表裏一体になっています。ブッダは人間の一生が苦しみに満ちたものと理解し、それから逃れる道を見いだしました。ブッダにとっての真の幸せとは、苦しみを滅することであり、そのための修行もまた幸福なものです。ここで修行が幸せであるということは、修行自体が世俗的な快楽を伴うということを必ずしも意味しません。そうではなく、仏道修行という正しい道を歩むことで苦しみから逃れられると確信すること、そしてその際に得られる精神的安寧こそが幸せであるとブッダは説いているのです。

法然もブッダの教えを学びながら、苦しみと幸せについて考え抜いた人物です。法然はブッダが説いたように、ひたすら修行に邁進《まいしん》できる環境こそが幸せであると理解していました。しかしながら、当時、最高の修行道場であった比叡山にあっても世間の動乱の影響は避けがたく、修行を完遂してさとりを開くことは極めて困難となっていました。それゆえ、法然はより簡便で効果を上げられる修行を経典に探し求めました。そうして見いだしたのは念仏による往生です。

法然にとって、念仏を唱えることは単に来世の安寧を願うだけのものではありません。そこでは「深心《じんしん》」が重視されます。深心とは自分がいたらない身であることを確信し、それゆえ阿弥陀仏の力によって往生できるということを確信する心のことです。そのような心を持ち得た人は、来世に対する不安を払拭し、穏やかに現世をすごすことができます。

これは幸福であるとも言えましょう。

とくに死後への不安を払拭することはとても大切なことです。私たちが抱える死の苦しみ、死んだらどうなるのだろうという不安、これは死を考えることで生まれる私たちの悩みです。法然は念仏を唱えることで、このような不安から解き放たれ、日々の暮らしのなかで心に安らぎをもたらすと説きます。苦しみの多い世の中において、法然のような確信を得ることができれば、いくらか苦しみが小さくなることでしょう。さらに法然は、冒頭のブッダのことばを実践していました。すなわち、阿弥陀仏という仏と出会い、その教えが説かれた経典を読み、それを実践し、さらに共に歩む仲間がいた。現代社会でいえば、これは共同体の意義を示唆するものといえます。尊敬できる人と会い、その言葉を聴き、自分でやってみて、さらに同じように生きる仲間がいる。一人で感じる幸福は、同じように幸福を感じる人と出会うことで大きくなっていくものなのでしょう。

7 輪廻の旅路を終えて煩いなし

ブッダのことば

『ダンマパダ』第90偈

輪廻《りんね》の旅路を終えた人は、憂いを離れ、あらゆる点でしがらみを離れ、すべての束縛を断じており、煩いはない。

法然のことば

『正如房へつかはす御文』

ですから、私もあなたも阿弥陀さまの同じお浄土へ往生してそこで出会うのだということをよくよく心得て、蓮の台でこの娑婆世界《しゃばせかい》での憂いを晴らし、それまでの因縁について語り合い、また娑婆世界に還って共々に助け合い、人々を教え導くことこそが一番大切なのです。

四苦八苦するという言葉があります。じつはこれを説いたのはブッダです。四苦とは生苦、老苦、病苦、死苦という四つの苦しみのこと、八苦は、この四苦に愛別離苦《あいべつりく》（愛する者と別れる苦しみ）、怨憎会苦《おんぞうえく》（嫌いな者と会う苦しみ）、求不得苦《ぐふとっく》（欲しいものが手に入らない苦しみ）、五取蘊苦《ごしゅうんく》（五蘊《ごうん》、すなわち心身を構成するモノに執着する苦しみ）という四つの苦しみを加えたものです。

人生には楽も苦もあると私たちは単純に考えがちです。しかし、ブッダはその背後にある真実を深く洞察しました。楽しい瞬間は瞬く間に過ぎ去り、苦しみは絶えず私たちにつきまといます。生老病死の四苦は、どれも生きる限り避けることができないものです。そして、これに人間関係や感情の葛藤が加わることで、苦しみはさらに複雑になります。古代インドでは、これらの苦しみが死をもって終わるのではなく、次の生へと引き継がれていくと考えられていました。これがいわゆる「輪廻《りんね》」の思想です。輪廻とは、生まれ変わりを繰り返しながら迷いや苦しみに満ちた世界をさまようことを意味します。この輪廻の連鎖から解放されること、すなわち「涅槃《ねはん》」に至ることが仏教の究極の目標です。

そのために、ブッダは四苦八苦の根源となる「執着」を断つ必要があると説きます。ブッダはそれをなし終えたからこそ実際に涅槃の境地に至ったのです。さらに輪廻の旅路を終えるための修行法を示しました。輪廻の旅路を終えると煩いがなくなることは、ブッダが身をもって体現したからこそ生まれたことばといえます。

しかし、煩悩を滅し尽くすために出家して行う仏道修行は容易なものではありません。ブッダが弟子たちを直接指導した時代でさえ、執着を断つことは一部の人々にしか達成できないものでした。ブッダがこの世を去ってから千数百年後に生まれた法然も、この困難さを深く感じていました。人間の欲望や煩悩が強い世において、さとりを得るのは至難の業です。そこで法然が見いだしたのが「阿弥陀仏の浄土」に往生することで輪廻の苦しみから解放されるという教えでした。阿弥陀仏の浄土は極楽浄土と呼ばれ、経典によれば悩みや苦しみがまったくなく、修行に専念できる理想郷です。そこではすべての人が平等で、自然と修行が進んでいく環境が整っています。法然はこの極楽浄土へ行く道は極めてシンプルだと説きます。それは、ただ阿弥陀仏の名を唱えるだけ。すなわち「念仏」することだけでそれが可能となります。特別な知識や技術、資格は必要なく、誰もが念仏を通じて極楽浄土に行くことができるのです。

それゆえ、そこは多くの人が行くことのできる場所です。それが冒頭の法然のことばに表れています。さらに極楽はただ行くだけの場所ではありません。そこで修行を進めた後

には、再びこの娑婆《しゃば》世界に戻って他者を救うことができます。このような法然の教えは仏教の伝統を踏まえつつ、苦しみに苛《さいな》まれる現代人に対しても大きな救いの道を示しています。出家修行に専念して輪廻の旅路を終えることが難しい私たちにとって、念仏によって阿弥陀仏の浄土にいくことでそれが達成されます。それは、娑婆の世界との永遠の別れではありません。極楽では、この世で出会った人と再会し、またいつかこの世界にもどって自分と関係する人を輪廻の旅路の終着点に導くことができる。極楽は、ブッダの理想が体現された場所です。

8

新たな生活　新たな自分

希望の地

ブッダのことば
『聖求経』

「ああ、この場所は居心地がいい。森林は清々しい。川は澄み流れている。岸辺は沐浴にちょうどよく、それらに取り囲まれた村がある。ここは、奮励努力を望む良家の息子がまさに努力するための場所だ」と。比丘たちよ、そこで私は「ここはまさに奮励努力するための場所だ」と、その場に座りました。

善導大師《ぜんどうだいし》の真意を知ることができたとき、歓喜のあまり、誰に聞かせるともなく、『私のような何の取り柄もない者に相応しい教えと修行を、阿弥陀さまが法蔵菩薩《ほうぞうぼさつ》という修行時代の昔からすでにご用意してくださっていたとは！』と思わず声に出して叫びました。その法悦は骨の髄まで染みわたり、流れる涙は止まることを知りませんでした。

法然のことば
『聖覚法印に示されける御詞』

春になると、進学や就職などを機に一人暮らしを始める方が多いと思います。そうした人が新たな住まいを定める際には、どのような条件を考えるべきでしょうか。交通や買い物の便が整っているか、また病院や銀行は近くにあるかなど、社会生活を送る上で必要な施設の有無も大事です。また静かに眠れる環境であるか、陽当たりや風通しに支障はないかなど、住環境を重視する人もいるでしょう。このように、学び、働き、暮らしていく上で、少しでも快適な場所を求めて新居を選ぶはずです。とはいえ、予算や立地によって簡単に新居が見つからないことも多々あります。それでも、時間をかけて理想の住まいに巡り合うことができれば、新生活のスタートに期待が膨《ふく》らむことでしょう。そして、その気持ちは私たちだけでなく、歴史に名を残す偉大な人物たちにも共通しているのです。

冒頭のブッダのことばはそれを示すものです。若き日のブッダは出家修行という新たな生活を始めるにあたり、自分が理想とする修行の地に出会えた喜びを表明しています。ブッダは新生活を前にした私たちと同じように、新たに生まれ変わる自分への期待を胸に抱き、溌溂《はつらつ》とした気分で新たな住処《すみか》に腰を下ろしたのです。そして彼の希望は、長い修行の果てに成道《じょうどう》という最高の形で実を結びます。このエピソードは、環境が持つ力の大きさを示すと同時に、環境を選ぶことの重要性を私たちに教えてくれます。

法然のことばにも同様に、新たな気づきや出会いが人生に与える影響の大きさが示されています。法然は、中国の高僧である善導の記した一心専念の教えに出会ったときの感動を冒頭の言葉のように述べました。この言葉を残したときの喜びは誇張ではないでしょう。その後の法然の人生は、念仏往生の教えをひたすら実践し、人々に広めることに捧げられました。法然の人生をながめると、この運命的な一文との出会いが、彼の後半生の指針となり、人生のあらゆる困難を乗り越える支えとなったことは想像に難くありません。法然の涙が示す深い感動と喜びは、私たちにとっても新しい気づきの大切さを教えてくれるものです。

日々をただ惰性で過ごしていると、次第に倦怠感に包まれ、精神的な停滞に陥ってしまうことがあります。そのようなとき「初心忘るべからず」という言葉を思い出しましょう。新生活を始めたときの高揚感や喜びを思い出すことで、私たちは日常のなかに新しい意味や価値を見いだすことができるでしょう。そしてそれは、単に新しい住まいを得るといった物理的な環境の変化だけでなく、自分自身の生き方を見つめ直す機会にもつながるはずです。

ブッダが理想的な修行の地を見いだしたときの喜びや、法然が運命の教えに出会ったと

きの感動は、私たちが新しい環境や気づきに出会ったときの心の動きと重なる部分があります。それは、新たな可能性に胸を躍らせる気持ちや、自分自身を変えた出会いへの喜びにほかなりません。人生においてそうした出会いがもたらす力を信じ、日々を新鮮な気持ちで迎えられるよう、常に自らを奮い立たせていきたいものです。

9 善は急げ

ブッダのことば

『ダンマパダ』第116偈

善は急げ。心を悪から遠ざけよ。もたもた功徳を積んでいると心は悪になびいていく。

法然のことば

『津戸三郎へつかはす御返事』

誰も私が流罪になったことについて決して恨みを抱くようなことがあってはなりません。このようになる因果をこの身に背負っていたのですし、穢れや悪にみちみちた世の中は今にはじまったわけではありませんから、何事につけても、一刻も早く往生しようとお思いになるべきです。

「善は急げ」「急いては事を仕損じる」という二つのことわざのように、昔から使われることわざや格言には、一見すると矛盾するような組み合わせがあります。このような場合、どちらの言葉が自身の状況にふさわしいのか、考えてみる必要があるでしょう。それでは仏道修行という実践を考える場合、どちらのことわざがふさわしいのでしょうか。

ここで紹介するブッダのことばは「善は急げ」ということを勧めています。なぜなら私たちの心は弱く、また移ろいやすいものであり、「善いことをしよう」と決心したとしても実行を先延ばしにしていると、決心が揺らぎ、いつの間にか悪い方向に行ってしまうことがあるからです。ただし「善は急げ」といっても、闇雲な努力をしろとブッダが言っているのではありません。仏教では、あらゆる努力が評価されるのではなく、正しい努力をしてこそ正しい結果にたどり着けるという考えがあります。この正しい努力は正精進《しょうしょうじん》と呼ばれ、さとりを開く実践として知られる八正道《はっしょうどう》の一つにもなっています。正しい努力をするためには、正しい目的をもつ必要があります。そしてブッダは正しい目的、すなわち仏道修行の到達点を説き示しました。さらにそこにたどり着くための方法もあわせて示しています。ブッダの弟子たちが行ったように、その言葉に導かれ怠ることなくし続けた努力こそが、正しい努力です。

法然も悪に満ちたこの世界から離れ、苦しみを取り除くために、極楽浄土への往生を促します。そしてそのために念仏を唱えよと説き続けました。さらに法然において「善は急げ」という言葉が重要であるもう一つの理由があります。法然は仏教全体の教えを現世においてさとりを目指す聖道門《しょうどうもん》と、極楽往生したのちにさとりを目指す浄土門という二種類に分類しています。このような分類は、法然がさまざまな典籍を参考にしながら、編み出したものです。この聖道門と浄土門の特徴は、難行道《なんぎょうどう》と易行道《いぎょうどう》という言葉で表すことができます。難行道は実践するのが難しい教えという意味であり、易行道は誰でも実践することが可能な教えを意味します。難行道の実践は、目的地にたどり着くために険しい道のりを自身の足で歩んでいくことに似ています。この道を進むためには、体調を整えたり、旅の準備をすることが必要です。さらにそのうえで長期間にわたって努力することが不可欠です。一方で易行道の実践は目的地まで船などの乗り物に乗ってたどり着くことに似ています。船に乗ってしまえば、目的地まで連れて行ってもらえます。それなら足腰が弱って歩いて旅をできない人でも目指す場所まで行くことができます。

法然の教えは、念仏を唱えるだけで極楽に往生できるという簡単なものです。簡単だからこそ、いつでもどこでも始めることができます。だからこそぐずぐずと先延ばしにする意味は全くありません。どんなときでも修行を始めるなら、今この時という考えは、ブッダの教えの根底の一つであり、いつの時代も仏教徒はそれを受け止め正しい努力をしてきました。法然はブッダの教えに従ったということもできましょう。

人生は一度きりとよく言いますが、自分の人生が残り僅かになってから後悔しないためには、大事なことを後回しにせずやり切ることが大切です。そして、我々が苦しみから逃れるための本当に大事なことが説かれているのが仏教です。とはいえ仏教を無条件に信じることは難しいことでもありましょう。だから最初は半信半疑でも構いません。仏教は「ご縁」を大切にしており、あなたがこの本を手に取ったのも何かのご縁です。この本を読んだのを機に、ブッダや法然のことばをより深く学んでみてください。そして、気に入ったものがあったら、それを今日からでも暮らしに取り入れてみてはどうでしょうか。きっと良い方向に進むことができるはずです。

10 幸せに生きる

ブッダのことば
『ダンマパダ』第198偈

さぁ、私たちは真に幸せに生きていこう。悩み深い人々のなかでも悩むことなく。悩み深い人々のなかで暮らしていこう。悩むことなく。

法然のことば
『往生浄土用心』

先立たれた方のためにお念仏を振り向ければ、阿弥陀さまは光を放って、地獄、餓鬼、畜生の三悪道に堕ちて苦しみにさいなまれている人々を照らして下さるのです。そして、その苦しみは止み、そこでの命が尽きた後に三悪道から離れて極楽へ往生し、さとりをひらくことができるのです。

この本のなかでも繰り返し述べてきたように、ブッダはこの世の本質は苦しみであると考え、そのことを「一切皆苦《いっさいかいく》」という言葉で表現しました。さらに、この世の苦しみを見極めることが、苦しみから逃れる第一歩であると説きました。私たちは真実を知らず、迷いの世界のなかで悩み苦しみながら生きるちっぽけな人間です。けれどもそのなかにありつつも、真実を探し求め、苦しみから離れて本当の幸せを目指して生きていくことが、仏教の目的です。

とはいえ、この世の雑踏のなかでの悩みや不安を抱えながら暮らしていると、何が真実なのか、何が人生の目的なのか、ついつい見失いがちになってしまいます。また情報化の進行もそのような傾向に拍車をかけています。近年ではスマホやタブレットといった端末を操作するだけで、世界中の多くの人と交流し、誰でも自分の意見が発信できるようになりました。その反面、真実は膨大な情報の渦に押し流されてどこにあるかがわからなくなり、信頼できる判断基準を失った人々はどんどん感情的になっていきます。その結果として、人々の暮らしを便利に、豊かにするはずのネット空間のなかでは、見知らぬ者同士が怒りや妬みを大きくし、暴言が横行し蔓延しています。なんと虚しく悲しいことでしょうか。そしてブッダはこのような人々の無知を闇にたとえ、それを打ち払う教えを灯火に見立てました。

闇は、近代以前の人々にとって最も恐ろしい体験の一つでした。おそらく太古以来進化した人間の本能に根差したものでしょう。しかし、星や月以上に輝く人工の光を得た現代の私たちは、その明るさに慣れ、闇夜の恐ろしさを忘れがちです。

ところで長野市にある善光寺をご存じでしょうか。古来より信仰を集めるこの寺院には「戒壇巡り《かいだんめぐ》」というものがあり、ここでは真の闇を体験できます。この「戒壇巡り」は真っ暗な回廊へと階段で降りて行くことでスタートします。階段を降りきると、そこはまさに漆黒の世界です。その暗闇を恐る恐る壁伝いに進み、「極楽の錠前《じょうまえ》」に触れることで、善光寺の本尊である阿弥陀如来との縁を結ぶことができます。ここまでくると出口の明かりが一筋差し込んでいます。まさに真っ暗闇のなかで一つの灯火を得て救われる瞬間です。

この「戒壇巡り」での体験は、この世の悩み苦しみのなかで、もがき苦しみながらも、手探りで必死に生きている私たちの人生そのものです。この暗闇に一歩足を踏み入れると、普段の暮らしでは多くの情報を得ている目が遮られ、その逆に心の働きに意識が集中します。そんな究極の状態に立たされた私たちは、人生の出口、救済への一筋の光にはじめて気づくのです。ブッダは我々の住む暗闇の世界を、仏法という名の光によって照らし出しました。インドから遠く離れた日本で、しかも長い時間を経たなかで、法然はブッダの説いた念仏往生の教えという一筋の光を見いだしました。仏教は救済の教えです。そしてブッダの説く救いというのは、決して上から目線のものではありません。それはブッダ自身の人生経験に根ざしたものです。

ブッダは出家前に人生のむなしさを知り、さらにさとりを開く前の修行では暗中模索をしながら、疲弊した身体で苦しみから逃れるためにもがき続けました。そしてついにさとりに至りました。それによって苦しみが生じるメカニズムが解明され、そこから逃れるための教えが見いだされました。このブッダの光は、いまでも我々の救いとなっています。この光と出会い、迷いを捨てそれを頼みとして生きていくことができるようになった時、我々は真に幸せになったと言えるでしょう。本書が、そのお手伝いをできたようであれば、幸甚です。

あとがき

本書は浄土宗総合研究所の研究プロジェクト「釈尊聖語の広報・布教用現代語訳研究」の成果をもとに、四人の研究者が執筆を分担して一書としてまとめたものです。このプロジェクトは２０１８年度から２０２４年度にかけて行われ、パーリ語経典の翻訳を行い、浄土宗総合研究所が刊行している『教科研究』に、その訳文と共に、法然の法語や浄土三部経などとの関連を提示したうえで、その教えに解説を施したものを研究成果として発表しました。その成果の一部は２０２０年度から3年間にわたり浄土宗の宗報（毎月発行）に連載「釈尊〝幸せ〟の智慧」として掲載されました。本書の書く原稿はこの連載を参考にしつつ、多くを新たに書き下ろしたものとなります。執筆の分担は、はじめにが袖山榮輝、第一章と第二章が石田一裕、第三章が北條竜士、第四章が春本龍彬、第五章が渡邉眞儀、あとがきが石田一裕となっています。

浄土宗は法然が１１７５年に浄土宗を開いてから、２０２４年度に開宗８５０年を迎えました。この慶事にあたり、宗をあげてさまざまな記念事業が企画され、それに共通するキャッチコピー「お念仏からはじまるしあわせ」が定められました。このキャッチコピーをもとに、ブッダと法然のことばを結びつけて現代における仏教的な「幸せ」を考える事がプロジェクトの目的であり、本書がその成果となります。仏教の開祖ブッダはさとりの境地を体験し、そこに至る道を人々に説き示しました。その後、たくさんの仏教者がブッダの教えを説きひろめ、法然も末法の世にふさわしい教えとして浄土宗の教えを人々に伝えました。どのような教えにも、それを聞く人たちがいて、ブッダ以来、教えを説くものは聞き手に合わせた話をしました。本書は現代を生きる皆様に向けて書いたものです。ブッダと法然、二人のことばが私たちのフィルターを通じて現代向けにカスタマイズされてみなさんに届き、少しでも幸せが増えるようならこれ以上の喜びはありません。そして、さらに仏教を深く学んでいってもらえればと思います。

令和七年三月春彼岸日

浄土宗総合研究所　石田一裕

参考文献

・荒牧典俊・本庄良文・榎本文雄 訳
『スッタニパータ〔釈尊のことば〕全現代語訳』（講談社、2015）
・及川真介 訳註
『仏の真理のことば註―ダンマパダ・アッタカター―』1（春秋社、2015）
『仏の真理のことば註―ダンマパダ・アッタカター―』2（春秋社、2016）
・片山一良 訳
パーリ仏典第1期2『中部（マッジマニカーヤ）』根本五十経篇2（大蔵出版、1998）
・片山一良 著
『「ダンマパダ」全詩解説　仏祖に学ぶひとすじの道』（大蔵出版、2009）
・浄土宗総合研究所 編訳、浄土宗出版 編
『文庫版　法然上人のご法語』1・消息編（浄土宗、2021）
『文庫版　法然上人のご法語』2・法語類編（浄土宗、2021）
『文庫版　法然上人のご法語』3・対話編（浄土宗、2021）
・知恩院浄土宗学研究所編集委員会 編訳
『法然上人のお言葉―元祖大師御法語―』（総本山知恩院布教師会、2010）
・塚本善隆 編
『日本の名著』5・法然（中央公論社、1971）
・中村元 訳
『ブッダのことば―スッタニパータ』（岩波書店、1984）
『ブッダの真理のことば　感興のことば』（岩波書店、1978）
・中村元 監修、森祖道・浪花宣明 編、及川真介・羽矢辰夫・平木光二 訳
『原始仏典』4・中部経典1（春秋社、2004）
・村上真完・及川真介 訳註
『仏のことば註―パラマッタ・ジョーティカー―』1（春秋社、1985）
『仏のことば註―パラマッタ・ジョーティカー―』2（春秋社、1986）

執筆者一覧

監修：袖山 榮輝（そでやま　えいき）

1963年生まれ。浄土宗総合研究所主任研究員、大正大学大学院文学研究科修士課程修了。長野市・十念寺住職。著書に『涙の先に』、『全注・全訳 阿弥陀経事典』ほか、エッセイ、論文等多数。

石田 一裕（いしだ　かずひろ）

1981年生まれ。博士（仏教学）。浄土宗総合研究所研究員、大正大学非常勤講師。横浜市・光明寺住職。専門はインド部派仏教研究。著書に『お坊さんはなぜお経を読む？』、監修に『知れば知るほどおもしろい！やさしくわかる仏教の教科書』など。

春本 龍彬（はるもと　たつあき）

1989年生まれ。博士（仏教学）。浄土宗総合研究所研究員、大正大学非常勤講師など。専門は日本浄土教。著書に『選択集の成立と展開—廬山寺本を中心に—』がある。

北條 竜士（ほうじょう　りゅうし）

1976年生まれ。浄土宗総合研究所研究員。御殿場市・龍善寺住職。専門はインド大乗仏教。浄土宗総合研究所では経典英訳プロジェクトの担当者として活動し、編著に『The Three Pure Land Sūtras』がある。

渡邉 眞儀（わたなべ　まさよし）

1987年生まれ。東京大学大学院特任研究員、浄土宗総合研究所研究スタッフ。専門はインド哲学。論文に「The Proof of the Existence of Time in the Vaiśeṣika School」「初期ヴァイシェーシカ学派における6カテゴリー説の検討」など。

ブッダ＋法然　幸せの智慧

2025年4月20日　第1刷発行

編　者　浄土宗総合研究所
発行人　石原俊道
印　刷　亜細亜印刷株式会社
製　本　東京美術紙工協業組合
発行所　有限会社　大法輪閣
〒150-0022 東京都渋谷区恵比寿南 2-16-6-202
TEL 03－5724－3375（代表）
振替 00160－9－487196 番
http://www.daihorin-kaku.com

装幀・本文レイアウト：鎌内　文
本文イラスト：ほしのちなみ

ISBN978-4-8046-1455-7　C0015